DO PREMIADO AUTOR, ECONOMISTA,
CO-FUNDADOR E DIRETOR DO ADAM SMITH INSTITUTE

EAMONN BUTLER

101 GRANDES PENSADORES LIBERAIS

LVM | M Centro de Liberdade Econômica Mackenzie

EAMONN BUTLER

101 GRANDES PENSADORES LIBERAIS

Tradução de
Allan Augusto Gallo Antonio

São Paulo | 2024

LVM | Centro de Liberdade Econômica Mackenzie

Título original: *School of Thought: 101 Great Liberal Thinkers*
Copyright © 2019 – The Institute of Economic Affairs Londres 2019
Copyright © 2024 – LVM Editora

Os direitos desta edição pertencem à LVM Editora, sediada na
Rua Leopoldo Couto de Magalhães Júnior, 1098, Cj. 46 – Itaim Bibi
04.542-001 • São Paulo, SP, Brasil
Telefax: 55 (11) 3704-3782
contato@lvmeditora.com.br

Gerente Editorial | Chiara Ciodarot
Editora assistente | Georgia Kallenbach
Editor-chefe | Pedro Henrique Alves
Tradução | Allan Augusto Gallo Antonio
Revisão | Laryssa Fazolo
Preparação dos originais | Mariana Diniz Lion e Pedro Henrique Alves
Capa | Mariangela Ghizellini
Diagramação | Décio Lopes

Impresso no Brasil, 2024

Dados Internacionais de Catalogação na Publicação (CIP)
Angélica Ilacqua CRB-8/7057

B992c   Butler, Eamonn

        101 grandes pensadores liberais / Eamonn Butler; tradução de Allan Augusto Gallo Antonio. – São Paulo: LVM Editora / Centro Mckenzie de Liberdade Econômica, 2024.
        176 p.

        ISBN 978-65-5052-166-0
        Título original: *School of Thought: 101 Great Liberal Thinkers*

        1. Liberalismo 2. História econômica I. Título II. Antonio, Allan Augusto Gallo

24-0207   CDD 320.51

Índices para catálogo sistemático:

1. Liberalismo

Reservados todos os direitos desta obra.

Proibida a reprodução integral desta edição por qualquer meio ou forma, seja eletrônica ou mecânica, fotocópia, gravação ou qualquer outro meio sem a permissão expressa do editor. A reprodução parcial é permitida, desde que citada a fonte.

Esta editora se empenhou em contatar os responsáveis pelos direitos autorais de todas as imagens e de outros materiais utilizados neste livro. Se porventura for constatada a omissão involuntária na identificação de algum deles, dispomo-nos a efetuar, futuramente, as devidas correções.

SUMÁRIO

9 | **Sobre o autor**
11 | **Os pensadores**
11 | **Pensadores liberais da antiguidade**
12 | Pensadores liberais da idade moderna
13 | A era da razão
14 | Revolucionários e radicais
16 | A era das reformas
18 | A economia livre e a sociedade
19 | Pensadores liberais contemporâneos
21 | Apresentação à edição brasileira

23 | **Introdução**
23 | Sobre o que é este livro
23 | Para quem é este livro
24 | Como este livro é apresentado

25 | **Capítulo I**
O Liberalismo e os pensadores liberais
25 | O que é um liberal?
28 | O que é um pensador liberal?
28 | Alguns dos principais debates liberais clássicos

31 | Capítulo II
Pensadores liberais da Antiguidade
31 | As origens do liberalismo
32 | Ideias medievais de liberdade

35 | Capítulo III
Primeiros pensadores modernos

49 | Capítulo IV
A era da razão

69 | Capítulo III
Revolucionários e radicais

87 | Capítulo VI
A era das reformas

111 | Capítulo VII
A era moderna

121 | Capítulo VIII
A economia livre e a sociedade

147 | Capítulo IX
Pensadores liberais contemporâneos

159 | Conclusão
O debate liberal
160 | Este é um mundo liberal?

161 | 101 outras citações liberais

Sobre o autor

✦ • ✦

Eamonn Butler é diretor do Instituto Adam Smith, um dos maiores *think tanks* de política do mundo. Graduado em economia e psicologia, é doutor em filosofia e possui também um doutorado *honoris causa* em Literatura. Na década de 1970, trabalhou em Washington para a Câmara dos Deputados dos Estados Unidos, e ensinou filosofia no Hillsdale College, em Michigan, antes de retornar ao Reino Unido para ajudar a fundar o Instituto Adam Smith. É detentor de vários prêmios, dentre os quais estão a Freedom Medal pela Freedoms Foundation of Valley Forge e o UK National Free Enterprise Award. Atualmente ocupa também o posto de secretário da Mont Pelerin Society.

Eamonn é autor de diversos livros, incluindo introduções aos trabalhos de economistas e pensadores pioneiros como Adam Smith, Milton Friedman, F. A. Hayek, Ludwig von Mises e Ayn Rand. Possui trabalhos de introdução publicados sobre o liberalismo clássico, *public choice* (escola da escolha pública), Escola Austríaca de Economia e sobre a Magna Carta.

Butler é autor dos livros: *The condensed wealth of nations* e *the best book on the market* [*A riqueza condensada das nações e o melhor livro do mercado*]. Além disso, sua obra *Foundations of a Free Society* [*Fundações de uma sociedade livre*], ganhou o Prêmio Fisher em 2014. Ele também é coautor de *Forty centuries of wage and price control* [*Quarenta séculos de controle de salários e preços*] e de uma série de livros sobre quociente de inteligência (QI). Eamonn colabora com frequência com a mídia impressa, falada e digital.

Os pensadores

✦ • ✦

Pensadores liberais da antiguidade

[1] Laozi (c. 600 a.c.)
A organização espontânea da sociedade.

[2] Péricles (495–429 a.c.)
Os benefícios do livre comércio e da livre circulação.

[3] Zhuang Zhou1 (369–286 a.c.)
Os limites do conhecimento do legislador.

[4] Açoca, o grande (304–232 a.c.)
Tolerância religiosa e política.

[5] Tomás de Aquino (1225–1274)
Tradição do direito natural.

[6] Ibn Khaldun (1332–1406)
A importância dos direitos de propriedade e dos incentivos

[7] Francisco de Vitoria (1486–1546) e os escolásticos
Direitos naturais e direitos de propriedade.

[8] Francisco Suárez (1548–1617)
Os limites da legitimidade do Estado; direitos naturais.

[9] Aquebar I (1542–1605)
Tolerância religiosa.

---
1. Também conhecido popularmente como "Chuang Tzu". (N. E.)

Pensadores liberais da idade moderna

[10] Sir Edward Coke (1552–1634)
Limites do poder real; direitos do acusado;
necessidade de juízes independentes.

[11] Hugo Grotius (1583–1645)
Direitos sobre uma pessoa e propriedade.

[12] Thomas Hobbes (1588–1679)
Direito à autoproteção; teoria do contrato social; direito de depor tiranos.

[13] John Milton (1608–1674)
Liberdade de expressão e consciência.

[14] John Lilburne (1614–1657) e
[15] Richard Overton (c. 1599–1664)
Direito à vida, liberdade e propriedade; igualdade perante a lei.

[16] Algernon Sidney (1622–1683)
O governo deve existir para a justiça e a liberdade;
direito de resistir às leis tirânicas.

[17] John Locke (1632–1704)
Os poderes do Estado derivam de indivíduos;
propriedade de sua própria pessoa.

[18] Samuel von Pufendorf (1632–1694)
Base de socialidade da lei natural; direitos tornam
a autoridade central desnecessária.

[19] William Wollaston (1659–1724)
Princípios de direitos de propriedade;
os direitos à vida e à busca pela felicidade.

[20] John Trenchard (1662–1723) e
[21] Thomas Gordon (c. 1691–1750)
Inspiração dos revolucionários americanos,
reafirmação dos princípios liberais.

A era da razão

[22] Bernard Mandeville (1670–1733)
O autointeresse como base da sociedade; altruísmo destrói incentivos.

[23] Montesquieu [Charles-Louis de Secondat] (1689–1755)
Divisão de poderes; Devido Processo Legal;
livre-comércio como uma restrição aos governos.

[24] Voltaire [François-Marie Arouet] (1694–1778)
Crítica à corrupção; papel da razão na moral; Estado de Direito;
liberdade de expressão.

[25] François Quesnay (1694–1774)
Crítica ao mercantilismo; harmonia social por meio da liberdade;
livre-comércio.

[26] Benjamin Franklin (1706–1790)
Independência americana; direitos naturais;
estabilidade monetária; comércio e paz.

[27] David Hume (1711–1776)
Sociedade baseada na utilidade e não na razão;
direitos de propriedade; governo limitado.

[28] Adam Ferguson (1723–1816)
Ordem espontânea; divisão de trabalho; inovação e crescimento.

[29] Adam Smith (1723–1790)
Anti-mercantilismo; ganhos mútuos de comércio;
a mão invisível; justiça.

[30] Richard Price (1723–1791)
Direitos das mulheres; base contratual do governo;
reforma eleitoral.

[31] Immanuel Kant (1724–1804)
Direito universal à liberdade; indivíduos como fins,
não meios; Estado de Direito.

[32] Anne-Robert-Jacques Turgot (1727–1781)
Orçamentos equilibrados; abolição de controles;
teoria subjetiva do valor.

[33] Anders Chydenius (1729–1803)
Free trade; self-interest; free speech; deregulation
Livre comercio; autointeresse; liberdade de expressão;
desregulamentação.

[34] Joseph Priestley (1733–1804)
Liberdade de expressão; tolerância religiosa;
direitos civis e políticos; anti-escravidão.

Revolucionários e radicais

[35] Thomas Paine (1737–1809)
O caso da revolução americana; tolerância;
igualdade moral; republicanismo.

[36] Cesare Beccaria (1738–1794)
Teoria das penas; reforma penal; reforma legal.

[37] Thomas Jefferson (1743–1826)
Inalienabilidade dos direitos; direito de depor tiranos;
tolerância religiosa; liberdade de imprensa.

[38] Nicolas de Condorcet (1743 –1794)
Problemas de escolha pública; sufrágio feminino;
igualdade Racial.

[39] Jeremy Bentham (1748–1832)
Utilitarismo; igualdade sexual; razoabilidade das punições;
crítica de direitos.

[40] James Madison (1751–1836)
Separação de poderes; direitos de propriedade;
oposição ao recrutamento militar.

[41] John Taylor of Caroline (1753–1824)
Direitos naturais; autogoverno sob um estado limitado.

[42] Antoine Destutt de Tracy (1754–1836)
Ideólogos; direitos de propriedade; valor subjetivo; anti-inflação; anti-subsídio.

[43] William Godwin (1756–1836)
Anarquismo; utilitarismo; igualdade moral.

[44] Mary Wollstonecraft (1759–1797)
Feminismo; direitos iguais; republicanismo.

[45] Germaine de Staël (1766–1817)
Liberalismo republicano; propriedade e direitos; monarquia constitucional.

[46] Wilhelm von Humboldt (1767–1835)
Liberdade essencial para o desenvolvimento moral; o estado do vigia noturno (minarquismo).

[47] Benjamin Constant (1767–1830)
Freios e contrapesos constitucionais; direito de resistir a governantes ilegítimos.

[48] Jean-Baptiste Say (1767–1832)
Lei de Say; economia do lado da oferta; incentivos liberais para o progresso.

[49] David Ricardo (1772–1823)
Teoria econômica; livre-comércio; vantagem comparativa.

[50] James Mill (1773–1836)
Lei e reforma prisional; utilitarismo; tolerância; reforma parlamentar.

A era das reformas

[51] William Ellery Channing (1780–1842)
Igualdade de gênero; direito à vida; abolição da escravatura.

[52] Sarah Grimké (1792–1873) e
[53] Angelina Grimké (1805–1879)
Abolicionismo e direitos das mulheres.

[54] Frédéric Bastiat (1801–1850)
Contra o protecionismo; livre comércio e investimento; custo de oportunidade.

[55] Harriet Martineau (1802–1876)
Feminismo liberal; ilustrações fictícias de economistas liberais.

[56] Richard Cobden (1804–1865) e
[57] John Bright (1811–1889)
Benefícios do livre comércio; Liberalismo de Manchester; revogação das Leis dos Cereais.

[58] Alexis de Tocqueville (1805–1859)
Reformas constitucionais; governo bicameral; limites na regra da maioria.

[59] William Lloyd Garrison (1805–1879)
Abolicionismo; direitos das mulheres; resistência passiva.

[60] John Stuart Mill (1806–1873)
Escolha e responsabilidade; tirania da maioria; princípio da não-agressão.

[61] Harriet Taylor Mill (1807–1858)
Educação feminina e sufrágio; co-propriedade do trabalhador.

[62] Lysander Spooner (1808–1887)
Desregulamentação e competição; vícios não são crimes; anarquismo.

[63] Henry David Thoreau (1817–1862)
Desobediência civil; anarquismo; abolicionismo; injustiça do voto majoritário.

[64] Frederick Douglass (1818–1895)
Abolicionismo; escolha humana e responsabilidade.

[65] Gustave de Molinari (1819–1912)
Anarcocapitalismo; crítica do estado, poder e privilégio; segurança privada.

[66] Herbert Spencer (1820–1903)
Liberdade e progresso; evolução da sociedade; direitos políticos; sufrágio universal.

[67] John Elliott Cairnes (1823–1875)
Método econômico; Competição imperfeita; deficiências econômicas da escravidão.

[68] Edward Atkinson (1827–1905)
Abolicionismo; anti-imperialismo; Livre-comércio.

[69] Josephine Butler (1828–1906)
Feminismo liberal; emancipação; reforma das leis de prostituição Idade contemporânea.

[70] Lord Acton [John Dalberg-Acton] (1834–1902)
O poder corrompe; indivíduo como o fim mais elevado; liberdade não é licença.

[71] Auberon Herbert (1838–1906)
Voluntarismo; proteção como a única função do governo.

[72] Henry George (1839–1897)
Imposto sobre o valor da terra.

[73] Carl Menger (1840–1921)
Teoria econômica austríaca; subjetivismo e individualismo metodológico.

[74] Bruce Smith (1851–1937)
Tradições conservadoras e liberais; oposição a interferência governamental.

[75] Benjamin Tucker (1854–1939)
Anarquismo; direitos de propriedade;
fim da regulação e a provisão do estatal.

[76] Voltairine de Cleyre (1866–1912)
Anarcofeminismo; crítica dos papéis de gênero e casamento.

[77] Albert J. Nock (1870–1945)
Anti-estatismo radical; natureza anti-social do estado.

A economia livre e a sociedade

[78] Ludwig von Mises (1881–1973)
Economia austríaca; crítica do socialismo;
ciclos de negócios; moeda forte.

[79] Frank Knight (1885–1972)
A liberdade econômica é básica; mercados e política são falhos.

[80] Isabel Paterson (1886–1961)
Criatividade sufocada por leis; regulamentos criam
e protegem monopólios.

[81] Rose Wilder Lane (1886–1968)
Erosão estatal das liberdades individuais;
criatividade das pessoas livres.

[82] Walter Eucken (1891–1950)
Ordoliberalismo e o milagre econômico alemão.

[83] Suzanne La Follette (1893–1983)
Base econômica do feminismo libertário.

[84] F. A. Hayek (1899–1992)
Ordem espontânea; limites para o planejamento racional;
ciclos de crédito.

[85] Karl Popper (1902–1994)
Raiz historicista da tirania; falsa ciência e intolerância; tolerância.

[86] Ayn Rand (1905-1982)
Objetivismo; ética e política baseada na vida;
o progresso requer liberdade

[87] Isaiah Berlin (1909-1997)
Nenhuma verdade moral ou política é única;
liberdade positiva e negativa.

[88] Ronald Coase (1910-2013)
Custos de transação; direitos de propriedade e resultados de mercado.

[89] Milton Friedman (1912-2006)
Monetarismo; a regulamentação beneficia os produtores;
vouchers escolares; livre escolha.

[90] James M. Buchanan (1919-2013) e
[91] Gordon Tullock (1922-2014)
Escola de Escolha Pública; interesses escusos distorcem a democracia;
falha do governo.

[92] Murray Rothbard (1926-1995)
Anarco-capitalismo; emissão de moeda livre (privada).

Pensadores liberais contemporâneos

[93] Gary Becker (1930-2014)
Aplicação da economia a questões sociológicas.

[94] Israel Kirzner (1930-)
Papel do empreendedorismo; importância da dinâmica
na teoria econômica.

[95] Julian L. Simon (1932-1998)
Como os mercados derrotam a escassez; população
como um recurso positivo.

[96] Elinor Ostrom (1933-2012)
Ordem espontânea na gestão de bens públicos.

[97] Walter Williams (1936–)
Libertarianismo social, político e econômico;
falha das leis raciais.

[98] Robert Nozick (1938–2002)
O estado minarquista; direitos anteriores à política;
irracionalidade da redistribuição.

[99] Hernando de Soto Polar (1941–)
Importância dos direitos de propriedade e instituições
no desenvolvimento.

[100] Deirdre McCloskey (1942–)
O papel dos valores liberais no crescimento econômico.

[101] David D. Friedman (1945–)
Anarcocapitalismo; leis privadas; estado não é necessário
para a lei e ordem.

Apresentação à edição brasileira

✦ • ✦

A decisão de oferecer ao público lusófono a obra *School of Thought: 101 Great Liberal Thinkers*, publicada em português sob o título *Os 101 grandes pensadores liberais*, ocorreu primariamente em razão da inexistência em língua portuguesa de uma obra que fosse ao mesmo tempo ampla o suficiente para cobrir as diversas épocas e matizes do pensamento liberal, e acessível ao grande público – sem deixar de ser completa.

O liberalismo está longe de ser um conjunto monolítico de ideias, pois embora as suas diversas escolas compartilhem entre si alguns valores e premissas fundamentais, é notório que existem divergências significativas no campo da epistemologia e dos métodos adotados por cada segmento e intérprete. Nesse caso, reconhecer as diferenças internas do liberalismo enquanto corrente político-filosófica não significa, em hipótese alguma, abraçar o relativismo na definição, mas tão somente exaltar o papel que a liberdade teve na construção do que hoje chamamos de "liberalismo".

De modo geral, penso que a tendência natural da maioria dos leitores da atualidade é sempre procurar pontos de concordância e discordância com o texto e seus autores, com o intuito de tomar um lado e elaborar um contundente julgamento ao final. Essa abordagem beligerante tão presente na sociedade contemporânea não poderia estar mais distante do espírito desta obra, pois o livro todo é organizado quase que em formato enciclopédico. Não se trata de concordar ou discordar dos autores e suas ideias, mas de apresentá-los como dados da realidade histórica. Assim sendo, acredito pessoalmente que o objetivo do autor foi fornecer, como que em um verbete de dicionário, as principais informações sobre a vida, ideais e obras destes 101 notáveis que figuram nesse pequeno cânon.

A tarefa de selecionar apenas 101 nomes dentre milhares de outros notáveis que, de uma forma ou de outra, contribuíram para a construção do liberalismo, não é uma tarefa fácil. No entanto, Eamonn Butler conseguiu selecionar de forma brilhante os elementos necessários para compor uma sinfonia textual coesa, harmônica e útil – tanto para os que já conhecem profundamente a tradição liberal quanto para aqueles que buscam por meio desta obra iniciar seu percurso de estudos.

Vários pensadores trabalhados neste livro ainda não possuem suas obras traduzidas para a língua portuguesa. Da mesma forma, muitos são completos desconhecidos nos países lusófonos. Assim sendo, sempre que possível, busquei manter nomes e títulos de obras em sua língua original, a fim de evitar distorções e possibilitar o acesso do leitor às obras originais.

Por fim, o meu agradecimento ao Institute of Economic Affairs do Reino Unido, por autorizar a tradução e a publicação da obra em português; à Atlas Network pelo apoio financeiro à tradução e ao projeto mais amplo de divulgação de conhecimento no qual esta obra está inserida; e ao Centro Mackenzie de Liberdade Econômica pelo apoio institucional, sem o qual esta tradução jamais teria sido realizada.

Allan Augusto Gallo Antonio
Professor do Centro de Ciências Sociais e
Aplicadas da Universidade Presbiteriana Mackenzie;
Pesquisador do Centro Mackenzie de Liberdade Econômica

Introdução

✦ • ✦

Sobre o que é este livro

Este livro traça o perfil das vidas e ideias de alguns dos principais pensadores liberais desde a Antiguidade até hoje.

Esses liberais – para usar a palavra no sentido europeu, não no sentido americano – enxergam como sendo as principais prioridades da vida política, social e econômica, a maximização da liberdade individual e minimização do uso da força. No entanto, eles diferem em suas visões particulares sobre como alcançar esse objetivo e quão grande deve ser o papel do governo nessa empreitada. Alguns veem pouca ou nenhuma necessidade para o Estado, enquanto muitos argumentam que algum tipo autoridade governamental é necessária, especialmente na provisão de defesa, policiamento e justiça. Outros entendem que há um espaço ainda mais amplo para o governo na vida social ou econômica.

Para quem é este livro

Este livro é direcionado principalmente aos leitores leigos inteligentes que estão interessados no debate público sobre política, governo, instituições sociais, capitalismo, direitos, liberdade e moralidade, e que desejam compreender o lado pró-liberdade desse debate. Ele foi escrito para aqueles que entendem de maneira ampla os princípios de uma sociedade livre, mas desejam saber mais sobre as ideias, os pensadores e as escolas que moldaram esse conceito. O objetivo é fornecer tal conhecimento em palavras simples, sem notas de rodapé, referências ou glossários de estilo acadêmico.

No entanto, ele também oferece aos alunos de escolas e universidades que estudam economia, política, ética e filosofia uma introdução concisa a um conjunto de ideias arrojadas e aos pensadores responsáveis por cunhá-las. Há muito aqui para estimular o debate informado e crítico sobre como a sociedade é e deve ser estruturada.

Como este livro é apresentado

Depois de delinear os principais elementos do pensamento liberal, o livro apresenta os pensadores liberais por ordem de nascimento. Isso dá ao leitor uma impressão de como as ideias liberais evoluíram ao longo do tempo. O desenvolvimento do pensamento liberal não pode ser entendido como uma linha reta, pois o liberalismo não consiste em um corpo doutrinário dogmático, mas em uma série de debates contínuos. Frequentemente, há progresso em uma questão, que fica estacionada por décadas, até que algum outro pensador dê uma nova guinada nela. Além disso, alguns desses pensadores contribuíram com ideias sobre muitos assuntos diferentes. Portanto, não há uma maneira perfeita de listar os pensadores do liberalismo. Apesar disso, como o objetivo deste livro é traçar o perfil dos indivíduos e de suas contribuições, optou-se por uma abordagem cronológica.

CAPÍTULO I

O Liberalismo e os pensadores liberais

✦ • ✦

Os pensadores deste livro não são o que a maioria dos norte-americanos chama de "liberais". Embora ambos os grupos compartilhem a ideia de liberdade pessoal, os liberais norte-americanos apoiam muito mais intervenções do Estado na vida social e econômica, em benefício da liberdade pessoal. Tais intervenções podem incluir redistribuição de riqueza ou renda, apoio e proteção especial para trabalhadores e indústrias, fornecimento de uma ampla gama de bens e serviços públicos, regulação dos mercados e proteção das pessoas de suas próprias ações (paternalismo).

Não obstante os liberais apresentados neste livro se preocupem tanto quanto os outros com o bem-estar alheio, eles desconfiam das políticas propostas pelo grupo que segue a linha mais intervencionista. Mais do que isso, eles as veem como ameaças à liberdade, pois conferem muito poder para autoridades e permitem que elas tratem os cidadãos como crianças dependentes ao invés de adultos livres. Eles acreditam que intervenções governamentais (na maioria das vezes) acabam por gerar consequências não desejadas e muitas vezes prejudiciais.

O que é um liberal?

Vários princípios-chave unificam os liberais num mesmo sentido.
Maximização da liberdade. Os liberais acreditam que devemos tentar maximizar a liberdade individual. As pessoas devem ser livres para viver como e onde quiserem, escolher suas crenças, falar livremente, negociar entre si, reunir-se, participar da política, possuir propriedades, manter o que produzem e viver sem ameaças de prisão, detenção arbitrária

ou danos. Nesse sentido, as pessoas devem enfrentar apenas a restrição mínima necessária de outros indivíduos ou autoridades.

Primazia do indivíduo. Em segundo lugar, os liberais veem o indivíduo como mais importante que o coletivo. Somente indivíduos têm ambições, propósitos e interesses. Os grupos, não, pois eles são meras coleções de indivíduos. Desse modo, quando sacrificamos os interesses de indivíduos pelo que alguma autoridade, especialista ou líder político diz ser o interesse da sociedade, os indivíduos ficam expostos à ameaça da tirania.

Tolerância. Terceiro, os liberais defendem a tolerância, que significa que não devemos restringir as ações das pessoas apenas porque as reprovamos ou discordamos delas. Todos devem ser livres para ter suas próprias opiniões, falar o que pensam e viver como quiserem, mesmo que os outros considerem essas opiniões, palavras e estilo de vida imorais ou ofensivos. As pessoas devem ser livres para se reunir em clubes, sindicatos ou partidos políticos, mesmo que os outros pensem que são indivíduos malucos e subversivos. Todos devem ser livres para comercializar bens e serviços, incluindo alguns (como drogas, jogos de azar e prostituição) que são amplamente rejeitados. Do mesmo modo, devemos ser livres para praticar qualquer religião que desejarmos, mesmo que a vasta maioria desaprove.

Minimização da coerção. Quarto, os liberais desejam minimizar a coerção. Eles querem um mundo onde vivamos por um acordo pacífico, não onde as pessoas usem a força ou a ameaça da força para subjugar os outros. Liberais sustentam que a autoridade judiciária do Estado, seu poder de tributar, multar, prender ou coagir os cidadãos, deve ser mantida ao mínimo essencial: pois, como observou Lord Acton, o poder tende a corromper.

Governo limitado e representativo. Quinto, embora alguns pensadores do espectro liberal não vejam nenhuma utilidade para o governo, a maioria dos liberais acredita que existe um papel importante para o Estado, mas trata-se de um papel que se limita apenas a defender indivíduos contra violência e roubo, seja de outros cidadãos ou do exterior, e a promoção da justiça quando for necessário.

Ao escolher quem decide quais devem ser as regras exatas e como aplicá-las, a maioria dos liberais defende a democracia constitucional e representativa. Isso, segundo eles, deixa claro que o governo recebe sua autoridade apenas dos indivíduos que o criaram. O governo é seu servo, não seu senhor. Uma constituição que especifique os limites no uso do poder oficial, aliada a eleições livres nas quais os representantes podem ser destituídos do cargo são os melhores meios já encontrados para manter esse relacionamento.

Estado de direito. Sexto, os liberais insistem na existência de um Estado de direito. As leis devem ser aplicadas igualmente a todos, independentemente de gênero, raça, religião, idioma, família ou quaisquer outras características. Elas também devem ser aplicadas a funcionários do governo da mesma forma que são para pessoas comuns. Para salvaguardar este princípio e evitar que os detentores do poder manipulem a lei em seu próprio benefício, devem existir princípios e instrumentos jurídicos básicos, como igualdade perante a lei, *habeas corpus*, julgamento por júri, devido processo legal e proporcionalidade das penas.

Ordem espontânea. Sétimo, os liberais argumentam que as instituições humanas surgem principalmente de forma espontânea, e não por meio de um planejamento consciente. Ninguém inventou deliberadamente os mercados, o sistema de preços, o dinheiro, a linguagem, as regras de justiça ou a *common law*. Todos eles surgiram e evoluíram a partir das incontáveis interações entre os indivíduos, pelo simples fato de serem úteis para a sociedade. Como uma trilha que surge à medida que várias pessoas buscam o caminho mais fácil através de um campo, essas instituições são o resultado da ação humana, mas não do projeto humano. Elas são exemplos de ordem espontânea, isto é, são frutos de estruturas que costumam ser altamente complexas, mas não necessitam de autoridades orientadoras para criá-las e gerenciá-las. Na verdade, a ação do governo tem mais chances de destruí-las do que de racionalizá-las.

Livre mercado. Oitavo, os liberais sustentam que a riqueza é criada pela cooperação mútua de indivíduos na ordem espontânea do mercado. A prosperidade vem através de indivíduos inventando, criando, economizando, investindo e trocando bens e serviços para benefício mútuo. Nossa ordem econômica nasce de regras simples, como honestidade e respeito à propriedade.

Sociedade civil. Nono, os liberais acreditam que as associações voluntárias atendem às necessidades sociais das pessoas melhor do que os governos. Embora enfatizem a prioridade dos indivíduos, eles reconhecem que os indivíduos também são membros de famílias e de grupos como clubes, associações, sindicatos, religiões, escolas, comunidades *on-line*, campanhas e instituições de caridade. Essas instituições espontâneas da sociedade civil nos oferecem oportunidades maiores e muito mais ricas de colaboração do que as instituições desajeitadas criadas deliberadamente por governos centralizados.

Dúvidas sobre o poder. Por último, os liberais são preocupados com os efeitos corruptores do poder político. Eles acreditam que o problema mais difícil a ser enfrentado por uma sociedade livre não é encontrar um meio para atribuir poder, mas como restringir o poder daqueles que foram investidos com ele. Liberais sabem que políticos e funcionários não são anjos, nem defensores imparciais do interesse público. Ao invés disso, todos têm seus próprios interesses – e a tentação de usar o poder político para promover esses interesses particulares é forte.

O que é um pensador liberal?

Em resumo, os liberais acreditam em uma ordem social próspera e espontânea com respeito mútuo, tolerância, não agressão, cooperação e troca voluntária entre pessoas livres. A maioria baseia-se nos direitos morais básicos de vida, liberdade e propriedade, protegidos por um sistema de justiça forte e confiável. Eles favorecem a liberdade de expressão, de associação, o Estado de direito e os limites do governo que evitam que as pessoas em posição de autoridade violem as liberdades individuais, mas, mesmo assim, o liberalismo continua abrangendo um vasto espectro de ideias e pontos de vista, por isso, os liberais discordam entre si acerca de várias questões.

Alguns dos principais debates liberais clássicos

A questão-chave para os liberais é saber o que (se é que existe alguma coisa) justifica limitar a liberdade de uma pessoa. Obviamente, as pessoas não podem ter permissão para fazer o que quiserem, pois isso violaria a liberdade dos demais: sua liberdade de projetar para frente o punho, por exemplo, não se estende além do meu nariz. Nem, pela mesma razão, as pessoas podem ser livres para prejudicar outras por meio de roubo, fraude ou agressão física. Apesar disso, alguns liberais aceitam que o bem maior pode exigir algumas restrições adicionais à liberdade – forçando as pessoas a pagar impostos para defesa, justiça e obras públicas, por exemplo, ou impedindo-as de poluir o ar e a água de outras pessoas.

Liberdade e o interesse público. Esse é um conceito que dá origem a diversas questões como: o que é exatamente o interesse público? Quem o decide e quais restrições são justificadas a fim de alcançá-lo? Os liberais têm respostas diferentes: alguns argumentam que a "utilidade social" exige uma série de restrições à liberdade; outros argumentam que nada justifica tais restrições. Ainda assim, os liberais concordam que a presunção deve ser a favor da liberdade, e que aqueles que procuram restringir a liberdade devem apresentar razões convincentes. Eles também concordam que não é sensato deixar os governos decidirem essas questões – porque os governos tendem sempre a defender mais governo e menos liberdade.

A natureza e os limites dos direitos. Alguns liberais sugerem que os direitos individuais estabelecem limites de até que ponto nossa liberdade pode ser restringida. Eles insistem que os direitos à vida, liberdade, consciência e propriedade não podem ser violados por ninguém, incluindo governos. No entanto, isso também levanta questões delicadas: sobre o que versam exatamente esses direitos? De onde eles vêm? Que responsabilidades impõem aos outros? Quando podem ser anulados e o que justifica essa anulação?

Alguns liberais acreditam que os direitos são parte daquilo que o ser humano é; outros pensam que se justificam por sua utilidade social ou felicidade geral; alguns os veem como princípios morais que nos protegem das devastações de um governo ilimitado (embora sejam princípios abertos ao debate); outros ainda questionam se os direitos realmente existem. Apesar disso, aqueles que aceitam a ideia de direitos individuais concordam que eles podem ser anulados apenas em circunstâncias excepcionais e que qualquer violação desses direitos deve sempre ser bem justificada.

Limitação do poder. A maioria dos liberais acredita que existe algum espaço para o uso da força pelo Estado, mas isso abre novos debates sobre a finalidade e o limite dessa autoridade, e como mantê-la dentro de seus limites. Para esse fim, os liberais favorecem um Estado de direito que impeça o uso arbitrário do poder. Alguns enfatizam que a autoridade de um Estado vem apenas dos indivíduos a quem ele serve, desse modo, tais indivíduos podem se revoltar legitimamente se o governo exceder essa autoridade. Mas de novo: qual é exatamente o ponto de inflexão? Não há respostas definidas para nenhuma dessas e muitas outras perguntas. Uma certeza, no entanto, é que os liberais foram, e continuam sendo, enérgicos e inovadores ao debatê-las.

CAPÍTULO II

Pensadores liberais da Antiguidade

✦ • ✦

As origens do liberalismo

A liberdade é uma ideia universal e possui raízes profundas em quase todas as religiões e culturas, do taoísmo ao islamismo e ao budismo; e em todo o mundo, da Ásia, passando pelo Oriente Médio, até o Ocidente.

O antigo erudito chinês *[1] Laozi*, às vezes traduzido como Lao-Tzu ou Lao-Tze (c. 600 a.C.), foi o fundador do taoísmo. Em seu trabalho *Tao Te Ching* argumentou que a vida humana era o resultado de um equilíbrio complexo de forças diferentes. Um governante que interfere nesse equilíbrio acaba arriscando ter que lidar com consequências não intencionais. "Interferir e tocar em tudo acabará mal e será decepcionante", ele escreveu:

> Sem lei ou compulsão, os homens viveriam em harmonia […] quanto mais proibições houver, mais pobres serão as pessoas. Quanto mais leis forem promulgadas, mais ladrões e bandidos haverá. Portanto, um governante sábio diz: "Não farei nada propositalmente e as próprias pessoas se transformarão. Vou preferir ficar quieto, e as próprias pessoas se corrigirão. Eu não vou me dar ao trabalho, e as pessoas ficarão ricas por si mesmas […]".

Na Europa, a Grécia clássica e a Roma antiga eram sociedades não liberais. Mesmo na Atenas "democrática", apenas uma pequena minoria realmente tomava as decisões. Esperava-se que as pessoas subjugassem seus interesses individuais aos do Estado, mas, mesmo assim, atenienses proeminentes ainda expressavam ideias liberais.

O general militar e orador *[2] Péricles* **(495-429 a.C.)**, por exemplo, disse que as leis deveriam ser igualmente fonte de justiça para todos, apesar das diferenças existentes. Ele pediu tolerância para com vizinhos e salientou os benefícios do livre comércio e da livre circulação de pessoas: "Mantemos nossa cidade aberta a todo o mundo e nunca, por atos discriminatórios, impedimos alguém de conhecer e ver qualquer coisa que, não estando oculta, possa ser vista por um inimigo e ser-lhe útil". Apesar disso, ele acreditava que essa igualdade, tolerância e abertura não minaram Atenas, mas antes aumentaram a sua grandeza.

De volta à China, o influente filósofo *[3] Zhuang Zhou* ou **Zhuangzi** (369-286 a.C.) argumentava que nosso conhecimento era limitado e nossos valores demasiado pessoais, para sempre tomarmos decisões corretas. Por isso, os liberais modernos entendem ser essas as principais razões pelas quais as autoridades não devem presumir poder intervir nas vidas de outras pessoas. Zhuang Zhou concordava com eles: "O mundo não precisa de governo; na verdade, não deve ser governado". Também na Índia, o imperador *[4] Açoca, o Grande* (304-232 a.C.) clamou por liberdade, responsabilidade e tolerância política e religiosa. Ele talvez tenha visto isso como uma forma de aliviar a tensão entre os diversos grupos (brâmanes, sramanas, kshatriya) e ideias (budismo, jainismo, ājīvikismo) que constituíam a sua complexa sociedade. O argumento central do imperador era de que o respeito mútuo e a paz eram melhores do que a guerra.

Ideias medievais de liberdade

Na Inglaterra, por volta do século V em diante, os anglo-saxões possuíam um sistema de posse e de propriedade bem desenvolvido. A monarquia também foi restringida: alguns reis foram nomeados pelo Witan, um conselho de nobres, que também estabeleceu limites aos seus poderes. Embora esses direitos e restrições tenham sido eliminados pelos invasores normandos em 1066, eles ressurgiram em 1215 na Magna Carta, a "Grande Carta" que delineou importantes princípios de direitos de propriedade e justiça. Reis posteriores procuraram reafirmar seu próprio poder, mas no século XVII, Sir Edward Coke reviveu os princípios da Magna Carta que ressoam no mundo de língua inglesa até hoje.

Na Itália, o frade dominicano *[5] Tomás de Aquino* (1225-1274) expôs a ideia do direito natural. Todos os seres devem ser fiéis à sua natureza, ele acreditava. Visto que os humanos são seres racionais, isso significa usar nossa razão para descobrir nosso propósito natural e a melhor forma de alcançá-lo. Isso, por sua vez, implica que devemos ser livres para pensar. Ayn Rand desenvolveria essas ideias sete séculos depois.

No Oriente Médio e além, o Islã – desde suas origens no século VII – estava aberto à liberdade econômica e aos empreendimentos, muito antes de tais valores serem respeitados no Ocidente. Os imperadores turcos medievais costumavam ser mais tolerantes do que os monarcas europeus do mesmo período. O estudioso e jurista islâmico *[6] Ibn Khaldun* **(1332-1406)** entendeu como a exploração, por governos ou outros agentes privados, era um grande desincentivo ao trabalho, à poupança e ao progresso:

> Ataques à propriedade das pessoas destroem o incentivo para adquirir e obter mais propriedades. As pessoas então concluem que o único objetivo ao adquirir uma propriedade passa a ser somente para que ela [seja] tomada novamente. Quando o incentivo para adquirir uma propriedade acaba, as pessoas não fazem mais esforços para adquiri-la. A extensão e o grau em que os direitos de propriedade são infringidos determinam a extensão e o grau em que os esforços dos súditos para adquirir propriedade diminuem.

Na Espanha, a Escola de Salamanca, nascida do trabalho de *[7] Francisco de Vitoria* **(1486–1546)**, tentou aplicar as ideias de clérigos anteriores às realidades do renascimento social, político e econômico em desenvolvimento. Ao fazer isso, esses escolásticos, como eram conhecidos, delinearam uma estrutura liberal geral. O padre jesuíta espanhol *[8] Francisco Suárez* **(1548-1617)**, por exemplo, desenvolveu ainda mais a ideia de um direito natural e argumentou que ele implicava direitos naturais à vida, liberdade, propriedade e liberdade de pensamento.

Ele também defendeu um governo limitado. Como criaturas sociais, explicou ele, vemos os benefícios de trabalhar para propósitos comuns. Portanto, formamos um Estado político, dando poder de decisão a alguma autoridade real, mas uma vez que o poder real vem do povo, o povo tem o direito de depor monarcas tirânicos. Essa ideia inicial de contrato social influenciou pensadores liberais posteriores, como *John Locke* e *Hugo Grotius*.

O movimento escolástico floresceu por dois séculos, mas seus representantes posteriores concentraram seu trabalho fundamentalmente nas liberdades de natureza econômica. Eles defenderam a propriedade privada alegando que os proprietários cuidavam melhor dela, o que beneficiava toda a sociedade. Eles também argumentaram que o preço de um bem não dependia do custo de criá-lo, mas da demanda por ele – "a estimativa comum", como escreveu um deles. Os escolásticos eram mais simpáticos a empréstimos a juros do que os clérigos anteriores, pois eles reconheciam que o crédito financiava o investimento (não apenas o consumo) e que as taxas de juros refletiam o risco e o custo de oportunidade enfrentados pelos credores.

Enquanto isso, *[9] Aquebar I* (1542-1605), o governante muçulmano do Império Mughal, estava fazendo observações liberais sobre a tolerância e estendendo-a também aos hindus e jesuítas, mesmo quando a Inquisição perseguiu dissidentes religiosos na Europa. As ideias liberais não conhecem fronteiras.

CAPÍTULO III

Primeiros pensadores modernos

✦ • ✦

A Inglaterra dos séculos XVI e XVII era um local improvável para o surto de liberalismo, uma vez que as disputas religiosas, os conflitos dinásticos e sucessivas guerras no plano internacional fizeram com que os monarcas da dinastia Tudor tivessem pouco apreço pelas tradicionais liberdades inglesas. A dinastia dos Stuart que os sucederam em 1603 possuía ainda menos simpatia por elas. De origem escocesa, eles não compartilhavam da tradição da *common law* inglesa, falavam francês na corte e abraçaram as concepções continentais sobre a supremacia absoluta do rei, embora o seu absolutismo fosse mitigado pelo fato de serem obrigados a pedir ao Parlamento dinheiro para financiar os gastos da Coroa. Charles I (1600-1649) tentou contornar essa necessidade impondo taxas alfandegárias, ordenando empréstimos compulsórios (sob pena de prisão de quem se recusasse), suspendendo o Parlamento, recriando impostos feudais, vendendo monopólios e impondo multas por violações de leis há muito esquecidas.

Embora o Parlamento tenha sido finalmente convocado, a tentativa fracassada de Charles de prender cinco parlamentares foi a gota d'água para iniciar uma sangrenta guerra civil entre facções que apoiavam a soberania parlamentar (*parliamentarians*) e os que apoiavam a causa real (*royalists*), o que terminou com a captura, julgamento e execução de Charles. O sucessor do rei, agora conhecido como *Lord Protector* [Lorde Protetor], Oliver Cromwell (1599-1658), não se mostrou menos tirânico. Em 1660 a monarquia foi restaurada, mas as tensões continuaram entre o parlamento, Charles II (1630-1685) e seu sucessor, James II (1633-1701), que acabou sendo deposto e fugiu. Em um golpe sem derramamento de sangue, conhecido como Revolução Gloriosa, o Parlamento convidou o relativamente liberal líder holandês William, Príncipe de Orange (1650-1702), e sua esposa, a filha de James II, Mary (1662-1694), para serem soberanos conjuntamente. No entanto, para que esse novo arranjo fosse viabilizado, ambos tiveram que concordar com um novo pacto constitucional, que ficou conhecido como *Bill of Rights of 1689* [Declaração de Direitos de 1689]. Esses acontecimentos da história política forçaram os teóricos da área a reconsiderar toda a base do governo constitucional, os direitos dos indivíduos e a ponderar as circunstâncias em que os cidadãos poderiam se insurgir contra um governo tirânico.

[10] Sir Edward Coke **(1552-1634)**: advogado, juiz e político inglês.

Ideias-chave: limites ao poder real; direitos e prerrogativas do Parlamento; impossibilidade de instituição de impostos arbitrários; direitos dos acusados; independência do judiciário; direito **contratual**.

Obras-chave: Remonstrance to the king (1621) [Protestos ao rei]; Petition of right (1628) [Petição de direito].

Nascido em Norfolk e educado em Cambridge, Coke (pronuncia-se 'Cook') ascendeu na carreira jurídica até os postos de procurador-geral sob Elizabeth I e ministro-chefe do King's Bench (antiga Corte Superior) sob seu sucessor, James I. Apesar dos altos postos ocupados, Coke travou várias disputas com Elizabeth I, James I e Charles I.

Sua principal disputa com Elizabeth I girava em torno da questão das patentes e monopólios concedidos pela Coroa, que inicialmente eram justificados como sendo uma proteção da indústria, mas que ao final acabaram se tornando meios para recompensar os favoritos do rei e aumentar a arrecadação pública. O abuso na concessão de patentes e monopólios foi tão grande que os reis ingleses haviam estendido tais privilégios para produtos de uso ordinário, como no caso do sal. Liderado por Coke, o parlamento em 1601 colocou os monopólios sob a autoridade dos tribunais, mas James I, no entanto, rejeitou essa restrição ao poder real e continuou a conceder esses favores. Coke escreveu a resposta do Parlamento, *Remonstrance to the king* (1621), reafirmando os direitos e prerrogativas do parlamento como sendo o "antigo e indubitável direito de nascença e herança dos súditos da Inglaterra".

Quando Charles I prendeu proprietários de terras que se recusaram a pagar empréstimos compulsórios ou alojar seus soldados em suas casas, o Parlamento se opôs novamente, e em uma dessas ocasiões Coke disse sua célebre frase: "A casa de cada um é para ele seu castelo e fortaleza, tanto para sua defesa contra ameaças e violência quanto para seu repouso". Atualmente a frase é parafraseada como "A casa de um homem é o seu castelo".

Coke redigiu as resoluções por meio das quais o Parlamento declarou que os princípios da Magna Carta ainda protegiam os cidadãos contra prisões arbitrárias e impostos cobrados sem consentimento expresso do Parlamento. Ele liderou a redação da *Petition of right* (1628), explicando os direitos e liberdades dos cidadãos, o que pavimentou o caminho para a criação do *habeas corpus*. Edward Coke também contribuiu para a institucionalização do direito ao silêncio dos acusados, desenvolvendo do direito contratual e estabelecimento da independência do judiciário.

[11] *Hugo Grotius* (1583-1645): jurista e filósofo político holandês.

Ideias-chave: direitos sobre si próprio e sobre sua propriedade.

Obra-chave: *De iure belli ac pacis* (1625) [*O direito da guerra e da paz*].

Nos Países Baixos, outros juristas também pensavam sobre a natureza dos direitos. Hugo Grotius ou Grócio, como ficou conhecido em língua portuguesa, foi um filósofo que sustentou muitos pontos de vista não liberais, mesmo assim, deu contribuições úteis para a tradição liberal. Em particular, ele afirmou que os indivíduos e os grupos possuíam direitos dados por Deus, incluindo o direito à autopreservação e direitos sobre a propriedade. Podemos, portanto, defender legitimamente a nossa propriedade e a nossa própria pessoa de todo e qualquer ataque, incluindo aqueles eventualmente perpetrados pelo Estado. Grotius também explicou como nossos direitos impõem deveres aos outros.

No entanto, ele não considerava os direitos invioláveis. Ele concebeu situações em que eles teriam que ser entregues (talvez à força) e, como os direitos eram propriedade do indivíduo, eles podiam ser comercializados, ou seja, as pessoas poderiam se vender como escravas. Embora teóricos liberais posteriores denunciassem este último ponto como autocontraditório, a ideia de que os direitos poderiam ser negociados influenciou a visão de John Locke de que a autoridade do Estado vem apenas dos direitos que foram voluntariamente renunciados pelos cidadãos.

[12] Thomas Hobbes (1588-1679): filósofo político inglês.

Ideias-chave: direito de autoproteção; viabilidade de uma sociedade livre; teoria do contrato social; governo criado por indivíduos para proteger seus direitos; limites ao governo; direito de destituir um mau governo.

Obra-chave: *Leviathan* (1651) [*Leviatã*].

Hobbes era ainda menos liberal do que Hugo Grotius, pois a sua concepção de sociedade ideal abarcava a ideia de um soberano todo-poderoso, mas partes de seu pensamento influenciaram a teoria liberal posterior. Ele argumentou, por exemplo, que certas restrições à liberdade devem ser justificadas, mesmo assim defendeu que os indivíduos têm o "direito natural" de se defender até contra o Estado. Sua visão de que pessoas livres poderiam se autogovernar estimulou liberais como Adam Smith e F. A. Hayek a pensar sobre ordens sociais espontâneas.

Possivelmente a ideia mais importante de Hobbes, a existência de um contrato social, tornou-se uma ferramenta vital para os pensadores liberais clássicos subsequentes, como John Locke. Os seres humanos, explicou ele, são autointeressados. Se cada um agisse por si próprio, a condição natural da humanidade no "estado da natureza" seria uma guerra de todos contra todos. A vida seria "solitária, pobre, desagradável, brutal e curta". Num cenário como esse, o simples interesse na autopreservação tornaria racional para as pessoas concordarem com algum nível de controle mútuo.

Mas os acordos podem ser quebrados, então o contrato social também deveria prever algum poder governamental para resolver disputas. Hobbes acreditava que esse soberano deveria ser o único legislador, administrador, autoridade religiosa e educacional, e teria o poder de ordenar que os súditos fizessem qualquer coisa exceto prejudicar a si próprios.

Apesar de sua conclusão absolutista, Hobbes expôs algumas ideias liberais importantes. Primeiro, ele viu o governo como criado por indivíduos livres, isto é, não poderia ser imposto legitimamente a eles. Em segundo lugar, os indivíduos criam governo transferindo parte de sua autoridade para ele.

Terceiro, o governo não existe para seus próprios fins, mas ele é criado apenas para proteger e expandir a liberdade dos indivíduos que o criaram. Quarto, o governo tem autoridade apenas limitada, logo ele não pode fazer com que esses indivíduos se matem ou se machuquem. Quinto, sua autoridade dura apenas enquanto puder proteger e expandir a liberdade de seus cidadãos, pois, do contrário, eles não têm a obrigação de obedecer a ela.

Essas ideias, inicialmente muito modernas na época de Hobbes, forneceram material importante para os pensadores liberais subsequentes e ajudaram a criar o pano de fundo intelectual por trás da Revolução Gloriosa e da Revolução Americana.

[13] John Milton **(1608-1674)**: poeta, polemista e estadista inglês.

Ideias-chave: tolerância religiosa, liberdade de expressão e consciência; governo como um contrato implícito.

Obras-chave: *The doctrine and discipline of divorce* (1643) [*A doutrina e disciplina do divórcio*]; *Areopagitica* (1644) [*Areopagítica*]; *A treatise of civil power* (1659) [*Um tratado do poder civil*].

Mais conhecido por seu épico religioso *Paraíso perdido* (1667), Milton também defendeu a legalidade e a moralidade do divórcio, a tolerância religiosa e a libertação da Igreja das autoridades políticas. Ele enfatizou a igualdade política dos indivíduos e viu o governo como o resultado de um contrato implícito entre o povo e os governantes.

Milton defendeu a liberdade de expressão e a liberdade de consciência (pelo menos entre os protestantes), acreditando que as pessoas poderiam distinguir o certo do errado se pudessem ouvir os argumentos concorrentes em um debate aberto. "Dê-me a liberdade de saber, expressar e argumentar livremente [...] de acordo com a consciência acima de todas as liberdades".

Após a execução de Charles I em 1649, Milton tornou-se polemista do governo republicano de Oliver Cromwell, mas logo se tornou verdadeiramente um crítico aberto do autocrático Cromwell, instando-o a respeitar o contrato implícito de seu regime com o povo. Embora não fosse propriamente um democrata, ele sonhava em criar uma república mais liberal – uma *Free Commonwealth* –, mas suas aspirações foram frustradas pela restauração da monarquia anos mais tarde.

[14] John Lilburne (1614-1657) e *[15] Richard Overton* (c.1599-1664): ativistas dos direitos civis ingleses (*levellers*).

Ideias-chave: direito natural à vida, liberdade e propriedade; direitos dos acusados; tolerância religiosa; igualdade perante a lei; democracia; governo sujeito ao povo.

Obras-chave: *England's new chains discovered* (Lilburne, 1649) [*As novas cadeias da Inglaterra descobertas*]; *An arrow against all tyrants* (Overton, 1646) [*Uma flecha contra todos os tiranos*].

A carreira notável de John Lilburne iniciou em debates nacionais sobre justiça e autoridade. Ele defendia o direito dos acusados de saber previamente sobre o que eram acusados, de encarar seus acusadores e de evitar produzir provas contra si mesmos. Embora os governos da época negassem esses direitos básicos, eles não possuíam legitimidade e nem poder para decidir sobre essa questão, pois as pessoas nasciam com tais direitos, ele defendia. A defesa intransigente dessa posição lhe rendeu o apelido *Freeborn John*[2].

Lilburne foi apelidado de *leveller*[3], não porque defendesse a igualdade financeira, mas porque insistia que os indivíduos eram moral, política e legalmente iguais. Os *levellers* tornaram-se um importante movimento de reforma, defendendo a tolerância religiosa, a igualdade perante a lei, uma democracia mais ampla e um governo sujeito à vontade do povo.

Lilburne frequentemente desrespeitava a censura oficial que visava suprimir ideias radicais como as dele. Levado perante a Star Chamber (o tribunal secreto que esmagou a dissidência), Lilburne recusou-se a se curvar, alegando que ele e os juízes eram iguais. Na ocasião, ele exigiu saber a acusação contra ele e se recusou a fazer um juramento que pudesse obrigá-lo a incriminar-se. Por esses desrespeitos, ele foi multado, açoitado e exposto ao ridículo. Mesmo no pelourinho, no entanto, ele criticou seus acusadores e distribuiu mais panfletos para a multidão, fato que o levou a mais três anos de prisão.

---

2. João nascido livre. (N. T.)
3. Nivelador. (N. T.)

Durante a Guerra Civil inglesa, Lilburne juntou-se às forças revolucionárias, mas foi convocado perante o Parlamento por ter atacado a intolerância religiosa de seus membros. Ele acabou ficando impune, mas logo foi preso novamente por denunciar o luxo dos parlamentares. Tempos depois ele foi banido por chamar uma comissão parlamentar de "homens injustos e indignos [...] que merecem algo pior do que o enforcamento". Em seu retorno não autorizado à Inglaterra, ele foi prontamente preso e passou mais dois anos na prisão.

Richard Overton, companheiro de luta de Lilburne, também defendeu direitos que não eram tidos como garantidos em sua época, tais como: liberdade religiosa, autopropriedade e o direito natural à vida, liberdade e propriedade. Seus ataques aos bispos, sua visão blasfema de que a alma imortal era "uma mera ficção", suas opiniões liberais sobre o divórcio e sua publicação de tratados não autorizados também o levaram ao Parlamento. Rejeitando a jurisdição do Parlamento sobre tais questões, ele foi preso, mas foi liberto um ano depois, após campanhas públicas por sua soltura.

Dois anos depois, Overton, Lilburne e outros foram presos por causa de um panfleto que atacava o despotismo de Cromwell e o rotulava de "novo rei". A acusação não prosperou, mas foram presos novamente sob rumores de que planejavam um golpe. Quando a monarquia foi finalmente restaurada, Overton permaneceu fiel aos seus princípios – sendo preso mais uma vez por um panfleto que atacava o novo governo.

[16] Algernon Sidney (**1622-1683**): político inglês e teórico republicano.

Ideias-chave: o governo existe para promover a justiça e a liberdade; direito de resistir a leis e governos tirânicos.

Obra-chave: *Discourses concerning government* (1698) [*Discursos sobre o governo*].

Sidney acreditava que o governo era necessário, mas que o seu papel se limitava "ao que é mais útil ao estabelecimento da justiça e liberdade", uma vez que "Homens livres [...] sempre têm o direito de resistir ao governo tirânico", escreveu ele. Essas ideias o tornaram extremamente influente na Grã-Bretanha e na América do Norte, mais influente até do que John

Locke. Ele foi amplamente citado pelos críticos da monarquia Stuart e inspirou John Trenchard e Thomas Gordon, cujas *Cato's Letters* serviram para despertar os revolucionários americanos. Thomas Jefferson acreditava que Sidney era um dos principais arquitetos da liberdade americana.

Na opinião de Sidney, os governos não estavam acima da lei: "Aquilo que não é justo não é lei […] e aquilo que não é lei não deve ser obedecido", escreveu em *Discourses concerning government* (1698). Ele considerava o poder absoluto um mal, acreditando que os cidadãos deveriam ter direito à voz no governo. Nesse ponto ele se elevou acima de sua própria facção. Republicano convicto, ele compareceu ao julgamento de Charles I, mas se opôs à execução do rei como sendo uma atitude vingativa e inútil. Mais tarde, quando Cromwell enviou tropas para dissolver o parlamento (por promover reformas que Cromwell não aprovava), Sidney recusou-se a deixar sua cadeira até ser retirado à força. Anos mais tarde, quando a monarquia foi restaurada, ele planejou o assassinato de Charles II, a quem ele considerava como outro tirano e, por isso, foi julgado por traição. Embora houvesse apenas uma testemunha contra ele (a lei exigia duas), o tribunal, liderado pelo infame "juiz" George Jeffreys (1645-1689), aceitou sua obra *Discourses* como uma segunda "testemunha", e Sidney foi enviado para a execução. Apesar disso, ele insistiu até o fim que todas as ações de sua vida visavam "defender os direitos comuns da humanidade e as leis desta terra […] contra princípios corruptos e o poder arbitrário".

[17] John Locke **(1632-1704)**: filósofo, médico e ativista inglês.

Ideias-chave: limites do conhecimento humano; direito natural à vida e liberdade; natureza contratual do governo; os poderes do governo derivam dos indivíduos; autopropriedade; direito de depor tiranos.

Obras-chave: *Letter concerning toleration* (1689) [*Carta sobre a tolerância*]; *Two treatises of government* (1690) [*Dois tratados sobre o governo*].

John Locke foi um dos principais filósofos do século XVII. Seu ensaio *Concerning human understanding* (1689) [*Ensaio sobre o entendimento humano*] enfatizou os limites de nosso conhecimento sobre os mundos natural e humano. No entanto, foram as suas obras *Letter concerning toleration* (1689) e *Two treatises of government* (1690) que garantiram seu lugar como o pai do "liberalismo clássico", pois ambos os escritos contêm argumentos importantes em defesa da primazia do indivíduo e da limitação do governo.

Locke era filho de um advogado do interior da Inglaterra, mas graças ao patrocínio de um membro do parlamento local ele pôde estudar na Westminster School e no Christ Church College, em Oxford. Depois de se formar, ele lecionou grego e retórica, mas posteriormente se concentrou em ciência e medicina, tornando-se amigo de Robert Boyle (1627-1691), Isaac Newton (1642-1726), Christiaan Huygens (1629-1695) e outros cientistas proeminentes de sua época.

Locke teve vários cargos na administração pública durante o governo de Lord Shaftesbury (1621-1683), a pedido de quem ele redigiu *The Fundamental Constitution of the Carolinas* (1669) [*A Constituição Fundamental da Carolina*[4]] e cuja vida ele salvou, removendo um cisto de seu fígado. No entanto, a hostilidade de Shaftesbury a James II obrigou ambos a fugirem para o exílio nos Países Baixos e na França. Durante esse período, Locke escreveu diversos textos sobre tolerância e seu famoso ensaio *Concerning human understanding*. Somente após a deposição de James II, devido ao seu envolvimento em uma série de polêmicas políticas e religiosas, Shaftesbury e Locke puderam retornar para a corte, agora comandada pelos reis William e Mary.

Na sequência, Locke publicou anonimamente seus *Two treatises of government* (1690), justificando a derrubada de James II, onde rejeitou o "direito divino dos reis" e afirmou que a legitimidade do governo se baseava em um contrato com o povo, e não na força e no uso da violência. Toda a sua argumentação girava em torno da existência de direitos naturais anteriores ao governo e ao próprio contrato social.

Como Thomas Hobbes, Locke imaginou um estado de natureza onde não havia governo. Seria um Estado de igualdade política, afirmou, sem ninguém ser politicamente superior ou inferior a ninguém. Visto que éramos criaturas e propriedade de Deus, outros não poderiam nos possuir ou comandar, logo não haveria subordinação entre seres humanos. Assim,

---

[4]. "Carolina" tratava-se de uma nova colônia inglesa na América do Norte, Locke acabou se tornando o principal legislador das ditas "regras gerais" daquela província, a pedido do Parlamento Inglês, no ano de 1663. (N. E.)

como todos foram criados por Deus, Ele desejava que sobrevivêssemos e, portanto, não teríamos o direito de prejudicar ou destruir nossos semelhantes e nem a nós mesmos. Pelo contrário, cada um de nós teria direitos naturais dados por Deus à vida, saúde e liberdade.

Apesar de sua natureza divina, o direito natural poderia ser violado, da mesma maneira que ocorre com as leis humanas. No estado de natureza, não haveria polícia, tribunais ou juízes, portanto, todos enfrentaríamos a ameaça de violência e coerção e, embora nessa situação pudéssemos reagir, as partes lesadas tenderiam a reagir de forma desproporcional. Assim, nós acharíamos preferível concordar com algum sistema comum de justiça, argumentava Locke.

A propriedade também poderia causar problemas no estado de natureza, embora ela não fosse ilegítima em si mesma, uma vez que Deus nos havia dado a terra para uso comum e era possível adquirir mais recursos naturais. No entanto, por sermos legítimos proprietários de nós mesmos e podermos misturar nosso trabalho com os recursos naturais disponíveis (cultivando um pedaço de terra, por exemplo), teríamos a junção inseparável de ambos.

Nesse cenário também haveria limites, pois não teríamos o direito de adquirir terras e propriedades das quais não poderíamos fazer uso. Com uma população em expansão, escassez de recursos e as pessoas acumulando propriedades por meio do comércio, a propriedade poderia levar à inveja e à desordem.

De acordo com Locke, nós criamos o governo para resolver esses problemas do estado de natureza e concordamos em transferir algumas partes de nossos direitos ao Estado, emprestando-lhe autoridade para proteger e preservar nossos direitos à vida, liberdade, saúde e propriedade, e punir aqueles que os violarem. Em suas palavras:

> A única maneira pela qual alguém se despoja de sua liberdade natural [...] é concordando com outros homens em se juntar e se unir em uma comunidade, para viverem uns com os outros de maneira confortável, segura e pacífica.

Para que esse governo seja legítimo, portanto, nossa autoridade individual deve ser transferida consensualmente, não pela força. Esse contrato social torna-se então vinculativo para todos, obrigando-nos a aceitar que um governo legítimo pode suspender nossos próprios direitos (por meio da prisão, por exemplo) se violarmos os direitos de terceiros.

Tamanho poder torna crucial o processo por meio do qual as leis são decididas. Como todos foram parceiros voluntários do contrato social, todos devem estar envolvidos no processo. A democracia era, portanto, uma parte essencial do contrato social, e o governo legítimo estava sujeito às regras da maioria. Em contraste, um governo que não fosse contido pela vontade de seus cidadãos se tornaria predatório e violaria seus direitos. Os cidadãos de tal governo ilegítimo estavam, portanto, perfeitamente livres para se rebelar contra ele e derrubá-lo, da mesma forma que matariam uma fera predatória para sua própria proteção:

> Sempre que os legisladores tentam tirar e destruir a propriedade do povo, ou reduzi-lo à escravidão sob poder arbitrário, eles entram em estado de guerra com ele, que fica assim liberado de qualquer obediência, mas, abandonado ao refúgio comum que Deus providenciou para todos os homens contra força e violência.

Essas ideias foram utilizadas por aqueles que procuravam justificar a derrubada de James II e influenciaram fortemente as revoluções na América e na França.

[18] Samuel von Pufendorf (**1632-1694**): filósofo político, jurista e historiador alemão.

Ideias-chave: sociabilidade como base do direito natural; os direitos de justiça e propriedade tornam desnecessária a autoridade central.

Obra-chave: *De jure naturae et gentium libri octo* (1672) [*Da lei da natureza e dos povos*].

As principais obras de Pufendorf sobre direito natural e o contrato social influenciaram John Locke, Montesquieu e os pais fundadores dos Estados Unidos da América.

Pufendorf discordou de Thomas Hobbes em dois pontos. Primeiro, ele argumentou que o suposto "estado de natureza" não seria um estado de guerra, porque os seres humanos possuem certa "sociabilidade" natural que os restringiria. Ele acreditava que essa sociabilidade era a base do direito natural, mas entendia que a paz dela decorrente era insegura, logo seria preciso fortalecê-la de algum modo.

Em segundo lugar, Pufendorf argumentou que o Estado que criamos para sustentar essa paz delicada não é um leviatã com corpo e mente próprios. Se quisermos viver em paz e harmonia com os outros, não precisamos de uma autoridade central forte, mas de direitos interpessoais, regras de conduta justa e proteção à propriedade. Segundo o jurista, a "vontade do Estado" não é maior do que as vontades dos indivíduos que o constitui.

[19] William Wollaston **(1659-1724)**: teólogo e filósofo inglês.

Ideias-chave: os princípios dos direitos de propriedade; o direito à vida e à busca da felicidade.

Obra-chave: *The religion of nature delineated* (1722) [*A religião da natureza delineada*].

Nascido em Staffordshire e educado em Cambridge, Wollaston tornou-se clérigo de Birmingham, mas uma herança recebida permitiu-lhe dedicar algum tempo ao estudo da filosofia, história e religião. Ele tornou-se muito influente, a ponto de seu livro *The religion of nature delineated* (1722) vender cerca de 10.000 cópias. Sua ênfase no direito à vida e na "busca da felicidade" teve um impacto considerável sobre Benjamin Franklin e refletiu na elaboração da Declaração de Independência dos Estados Unidos.

A vida e o corpo das pessoas, argumentou Wollaston, são parte de sua individualidade e são sua única propriedade. Força e poder não justificam que ninguém os tome, pois poder e direito são coisas diferentes. No entanto, para ele a razão era universal, o que significa dizer que tudo o que consideramos aceitável para os outros, devemos aceitar para nós também. Na mesma lógica, ninguém pode interromper a felicidade dos outros, mas mais do que isso, as pessoas têm o direito de se defender de ataques à sua vida, propriedade e felicidade.

Wollaston também definiu os princípios básicos dos direitos de propriedade como sendo: exclusividade, transferibilidade e executoriedade. A propriedade, disse ele, implica o direito exclusivo de usar e dispor de algo, bem como transferi-lo por contrato ou doação para outra pessoa. Segundo o teólogo, era essencialmente injusto usurpar ou invadir a propriedade alheia e, por isso, as vítimas tinham o direito de recuperar o que lhes foi roubado ou receber uma compensação equivalente.

[20] John Trenchard (1662-1723) e *[21] Thomas Gordon* (c.1691-1750): autores e reformistas ingleses.

Ideias-chave: aplicação dos princípios dos direitos naturais e governo consensual ao governo contemporâneo; inspiração dos revolucionários americanos.

Obra-chave: *Cato's Letters* (1720-1723) [*Cartas de Catão*].

Entre 1720 e 1723, Trenchard e Gordon foram coautores de *Cato's Letters*, uma série de 138 ensaios de jornal, cujo nome fora dado em homenagem ao ferrenho crítico republicano de Júlio César. Os ensaios se tornaram extremamente populares por suas visões mordazes sobre questões polêmicas da época, e pela discussão inteligente de ideias liberais.

Trenchard, um reformador rico, primeiro colaborou com o espirituoso e articulado Gordon no *The Independent Whig*, um semanário que denunciou os esforços católicos para devolver os Stuarts ao trono, e argumentou que a liberdade de consciência era um direito natural inalienável que nem clérigos nem políticos podiam extinguir.

Seguindo Algernon Sidney, as cartas atacaram a corrupção e a tirania de políticos e burocratas dos governos agigantados de sua época, elas utilizaram as teorias de John Locke sobre os direitos naturais para exigir a liberdade de expressão. Ambos os autores atribuíram a crise financeira de 1720, desencadeada quando os políticos concederam à South Sea Company o monopólio do comércio sul-americano (que posteriormente se provou inútil) a um governo inchado e intervencionista, que alimentou a desonestidade e a corrupção de políticos, ministros e membros da realeza. A afirmação de que o governo se baseia no consentimento e no direito do público de depor tiranias tornou as *Cato's Letters* (e as ideias de Sidney e Locke) particularmente populares na América.

CAPÍTULO IV

A era da razão

✦ • ✦

A derrota de 1746 de Charles Edward Stuart (Bonnie Prince Charlie) acabou com a perspectiva de um retorno do absolutismo de estilo francês ao mesmo tempo que garantiu a nova monarquia constitucional da Grã-Bretanha. A Escócia, em particular, beneficiou-se da nova estabilidade e da abertura comercial após o Ato de União de 1707. No período que ficou posteriormente conhecido como Iluminismo escocês, uma nova onda de pensadores como David Hume e Adam Smith explorou novas ideias sobre o funcionamento da sociedade, ética, economia, tributação, estruturas políticas, limites ao poder governamental, e sobre os direitos individuais. Mesmo na França, à medida que essas ideias se espalharam, houve um questionamento maior do poder e da autoridade da Igreja Católica Apostólica Romana, e mais cidadãos comuns, isto é, não aristocratas, foram sendo gradativamente nomeados para o governo com base em seus méritos. O liberalismo inglês e francês procurou basear o governo em princípios racionais, mas se desenvolveu de maneiras bem diferentes.

Enquanto o liberalismo inglês deu ênfase aos direitos das pessoas comuns contra o poder absolutista de estilo continental, enfatizando o individualismo e um Estado mínimo, o liberalismo francês, ao contrário, aceitou as instituições jurídicas, sociais e religiosas prevalecentes, mas enfatizou o papel que a democracia poderia desempenhar para fazer o Estado funcionar de maneira mais racional. Sendo assim democrático, mas estatista, o liberalismo francês foi frequentemente associado à esquerda, como corporificado no filósofo político Jean-Jacques Rousseau (1712-1778) – embora essa ideia tenha sido posteriormente abalada pelo liberalismo mais lockeano de Voltaire, Montesquieu e Benjamin Constant.

[22] Bernard Mandeville **(1670-1733)**: médico anglo-holandês, filósofo moral, teórico político e satírico.

Ideias-chave: autointeresse como base de uma sociedade funcional; divisão de trabalho; efeito destrutivo do altruísmo nos incentivos.

Obras-chave: *The grumbling hive* ou *knaves turn'd honest* (1705) [*A colmeia resmungona* ou *Patifes se tornaram honestos*]; *The fable of the bees* (1714) [*A fábula das abelhas*].

Nascido em Rotterdam, Mandeville passou a maior parte de sua vida na Inglaterra. Ele argumentou, de maneira chocante para a sua época, que a sociedade se baseava no autointeresse ao invés da benevolência. Ele expressou essa ideia no poema satírico *The grumbling hive*, ou *Knaves turn'd honest* (1705), uma escandalosa, mas espirituosa sátira ao Estado da Inglaterra republicada em 1714 como *The fable of the bees*, com ensaios adicionais sobre teoria moral e social.

Os versos de Mandeville imaginam uma comunidade de abelhas próspera "abençoada com contentamento e honestidade" – até que as abelhas se tornam repentinamente altruístas. Então, sem ganho pessoal e ambição para impulsioná-las, elas se tornam preguiçosas e empobrecidas. Seu ponto, elaborado mais academicamente por *Adam Smith*, era que o autointeresse, se devidamente canalizado, estimulava a inovação e o esforço e, portanto, o progresso – embora Smith discordasse da visão de Mandeville de que o autossacrifício era prejudicial. Nossos traços supostamente "viciosos", como a ganância, eram fundamentais para o nosso bem-estar, argumentou Mandeville. Um político que tentasse conter o "vício" ou promover a "virtude" perturbaria o funcionamento da sociedade, mas, ao canalizar a ganância, "vícios privados [...] podem ser transformados em benefícios públicos".

Em *A search into the nature of society* (1723) [*Em busca da sociedade natural*][5], Mandeville rejeitou as teorias prevalecentes de que nossa moralidade vinha da abnegação, de um "senso moral" ou da razão. Em vez disso, ela teria surgido do nosso desejo de nos proteger quando confrontados com o "mal" das ações egoístas de outras pessoas. Ironicamente, portanto, "o mal

---

5. Trata-se do penúltimo capítulo de *A fábula das abelhas*, Volume I. (N. E.)

[...] é o grande princípio que nos torna criaturas sociais. [...] quando o mal cessar, a sociedade padecerá, podendo até ser totalmente dissolvida".

Por trás dessa linguagem provocativa e travessa, como F. A. Hayek apontou 250 anos depois, está um princípio extremamente importante da teoria liberal, que preconiza que sociedades complexas evoluem a partir das interações cotidianas de indivíduos que são motivados pelo autointeresse. Quando tentamos fazer as pessoas se comportarem de maneira diferente, corremos o risco de rasgar essa complexa teia de ação.

[23] Montesquieu [Charles-Louis de Secondat, Barão de La Brède e de Montesquieu] (1689-1755): advogado e filósofo político francês.

Ideias-chave: teoria constitucional; a divisão de poderes; devido processo legal; os princípios de justiça; presunção de inocência; o livre comércio como elemento de restrição aos governos.

Obras-chave: *Lettres persanes* (1721) [*Cartas persas*]; *De l'esprit des loix* (1748) [*Do espírito das leis*].

O pensamento altamente original de Montesquieu sobre a relação entre liberdade e lei, e seu sistema constitucional inovador baseado na separação de poderes, tornou seus livros *Lettres persanes* (1721); *De l'esprit des loix* (1748) particularmente influentes na França e nos Estados Unidos, onde forneceu a base para uma visão de governo pós-revolucionário.

Montesquieu percebeu que o principal problema político era como conter o poder das autoridades estatais e evitar que caíssem na tirania. Com base no Segundo Tratado de John Locke, ele defendeu a divisão de poderes, de modo que "o poder deve ser um freio ao poder". A autoridade legislativa, executiva e judiciária deve ser exercida por diferentes órgãos, de modo que os abusos cometidos por um poder sejam coibidos pelos outros. O legislativo teria o poder de tributar, o que restringiria o executivo, enquanto este poderia vetar decisões do legislativo. A própria legislatura seria dividida em duas Casas, de forma que uma pudesse bloquear as decisões da outra. O judiciário seria independente, mas limitado a garantir que as leis fossem aplicadas sem favorecimento. Deveria haver o devido processo legal, incluindo o direito a um julgamento justo, a presunção de inocência e as punições proporcionais aos crimes cometidos.

Montesquieu ficou impressionado com a forma como a Grã-Bretanha refreou sua monarquia, mas acreditava que os governos precisavam de pouco poder de qualquer maneira, pois seu papel era nos deixar o mais livres possível e, ao mesmo tempo, nos proteger do mal. A lei deveria, portanto, tratar apenas da ordem e segurança pública e se esforçar para maximizar a liberdade. Não deveria haver espaço para ingerência em áreas como religião ou estilo de vida, mas apenas em questões de natureza prática, isto é, nas ações e não em seus supostos motivos das pessoas. Nesse mesmo sentido, as leis deveriam ser públicas (amplamente conhecidas), gerais e previsíveis, mas jamais arbitrárias, pessoalistas e caprichosas.

Como Adam Smith, depois dele, Montesquieu criticou a interferência do governo no comércio (especialmente no comércio exterior), argumentando que o comércio beneficia ambos os lados, não apenas o vendedor. Ao contrário da guerra e da conquista, o comércio internacional trouxe seus benefícios sem a necessidade de exércitos ou despesas de guerra. Também limitou o poder dos governos, pois os mercados internacionais eram impossíveis de serem controlados pelos Estados individualmente. As taxas de trocas internacionais, isto é, os preços de mercado, foram estabelecidas pelos mercadores de muitos países e não por decreto do governo; como o comércio enriquecia a todos, os governos tiveram um incentivo para facilitá-lo ao invés de impedi-lo. A necessidade de os países com atuação comercial permanecerem com capacidade de crédito ajudou a conter a irresponsabilidade orçamentária. A realidade econômica foi, portanto, uma restrição útil às ambições dos políticos.

[24] Voltaire **[François-Marie Arouet] (169-1778)**: dramaturgo, romancista e polemista francês.

Ideias-chave: críticas à aristocracia e à corrupção na Igreja; papel da razão e da liberdade na ação moral; tolerância e liberdade de expressão; Estado de direito; crítica ao mercantilismo; utilidade dos direitos de propriedade.

Obra-chave: *Lettres philosophiques sur les Anglais* (1734) [*Cartas filosóficas*].

Voltaire foi uma figura importante do Iluminismo francês. Ele incomodou os poderosos com suas polêmicas sobre as injustiças de seu tempo e sobre a hipocrisia e a corrupção de políticos e clérigos. Como ele mesmo observou: "Em geral, a arte do governo consiste em tirar o máximo de dinheiro possível de uma classe de cidadãos para dar a outra".

Acusado de difamação e ameaçado por um poderoso aristocrata, ele foi para o exílio na Inglaterra, onde conheceu intelectuais e reformistas importantes, e se familiarizou com a obra de John Locke. Como Montesquieu, Voltaire foi atraído pelas instituições liberais, liberdades civis, governo constitucional e liberdade de expressão da Grã-Bretanha, e decidiu passar sua carreira promovendo a liberdade, tolerância, liberdade de expressão e livre comércio. Suas *Lettres philosophiques sur les Anglais* (1734) instavam a França a derrubar os poderes aristocráticos e criticavam a intolerância da Igreja. Nem mesmo uma passagem pela Bastilha impediu seus ataques à injustiça e à repressão que prevaleciam na Europa continental de sua época.

Voltaire fez campanha por uma monarquia constitucional na França, pois pensava que a miopia das massas tornava a democracia direta pouco confiável, mas acreditava que um monarca esclarecido poderia fazer reformas que melhorariam o bem-estar de toda a população. Ele defendeu a liberdade, afirmando que embora os seres humanos fossem governados por leis naturais, eles possuíam livre-arbítrio. Segundo o próprio Voltaire, a ação moral veio por meio da razão e da liberdade de agir de acordo com ela, e a liberdade de expressão foi uma parte vital desse processo. Embora ele nunca tenha dito a famosa frase atribuída a ele: "Não concordo com suas palavras, mas defenderei até a morte o seu direito de dizê-las", ela resume de forma adequada os seus pontos de vista.

Voltaire procurou limitar o poder arbitrário trazendo-o sob o império da lei. Ele defendeu a tolerância dizendo que o Estado não deveria promover doutrinas particulares como o cristianismo. Além de defender o direito a um julgamento justo e carreiras abertas a todos, ele postulou por um sistema tributário mais justo. Ele criticou o mercantilismo, pois, ao contrário do que essa corrente econômico-filosófica afirmava, ele acreditava que riqueza não existia no ouro e na prata de um país, mas no trabalho árduo, na produtividade e na habilidade de seus trabalhadores – ideias que Adam Smith desenvolveria anos depois. O polemista francês compreendeu como poucos o poder da motivação e defendeu a propriedade privada, não do ponto de vista da lei natural, como John Locke havia feito, mas pelo simples fato de ela dar às pessoas o melhor incentivo para se esforçarem pelo autoaperfeiçoamento.

[25] François Quesnay **(1694-1774):** cirurgião francês e fundador da Escola Fisiocrata de Economia.

Ideias-chave: crítica ao mercantilismo; harmonia social por meio da liberdade; desregulamentação e livre comércio.

Obra-chave: *Tableau économique* (1758) [*Quadro econômico*].

Em contraste com o mercantilismo prevalecente que considerava a riqueza de uma nação em termos de seus estoques de ouro e prata e sua capacidade, por meio da exportação, de aumentá-los – os economistas "fisiocratas" franceses, liderados por Quesnay e Turgot, argumentaram que a base da riqueza nacional era o trabalho produtivo.

Essas ideias influenciaram muito a crítica de Adam Smith ao mercantilismo em *A riqueza das nações*, mas Quesnay, vivendo como vivia em uma economia altamente agrícola, argumentou que apenas o trabalho agrícola era verdadeiramente produtivo, e que outros trabalhos, como o de artesãos, mercadores, proprietários de terras e provedores de capital, apenas o apoiavam. Smith, com uma visão mais sofisticada do comércio, reconheceu que qualquer forma de produção útil contribuía para a riqueza nacional.

Quesnay afirmava que a harmonia social era mais bem alcançada por meio de uma política de *laissez-faire* e livre concorrência. Desse modo, ele pediu o fim das antigas restrições à produção agrícola, e argumentou que a política mercantilista de aumentar tarifas e barreiras contra produtos importados somente agravou o problema da pobreza. Inconformado com a situação das barreiras tarifárias, o médico, por meio de uma de suas mais famosas pacientes, Madame de Pompadour, publicamente conhecida como amante de Luís XV (1710-1774), pediu ao soberano que colocasse um ponto final no protecionismo francês.

[26] Benjamin Franklin **(1706-1790):** estadista e polímata norte-americano.

Ideias-chave: redação da Declaração de Independência e Constituição dos Estados Unidos; direitos naturais; prudência monetária; paz como consequência do comércio.

Obra-chave: *Poor Richard's almanack* (1732-1758) [*Almanaque do pobre Ricardo*].

Franklin foi uma figura importante na criação dos Estados Unidos, pois no alto dos seus setenta anos ele ajudou a redigir a Declaração de Independência e posteriormente a Constituição de seu país. Sua assinatura aparece em ambos os documentos.

Alguns consideram Franklin um conservador, embora sua defesa da independência e seus vigorosos escritos sobre liberdade lhe rendam um lugar entre os pensadores liberais. Apesar dos perigos da revolução, ele insistiu que a liberdade deve ser defendida a qualquer custo, dizendo: "aqueles que renunciam à liberdade, para ganhar um pouco mais de segurança temporária, não merecem nem liberdade nem segurança".

Franklin era certamente um religioso liberal, pois mesmo tendo sido criado como puritano e permanecido como um "crente" por toda sua vida, ele acabou rejeitando as religiões formalmente organizadas, sendo um dos maiores exemplos dessa aparente rejeição o fato de ele nunca ter se casado na Igreja com sua parceira de longa data. O polímata também foi um grande promotor da ideia dos direitos naturais segundo a compreensão de John Locke, em suas palavras: "A liberdade não é um presente concedido a nós por outros homens [...], mas um direito que nos pertence pelas leis de Deus e da natureza".

Franklin divulgou suas opiniões por meio de jornais e almanaques que publicou e isso o enriqueceu. Ele também escreveu seis leis sobre a impressão de dinheiro e notas, mas alertou contra o excesso de qualquer uma delas:

> O dinheiro de papel em quantidades moderadas tem sido considerado como algo benéfico, mas quando impresso em quantidade superior ao demandado pelo mercado, ele acaba por perder seu valor, o que é prejudicial, pois a população parece também estar pronta para exigir mais do que o necessário.

Esse seria um dos ponto que Milton Friedman ressuscitaria dois séculos depois.

Franklin passou muitos anos na Europa, como representante da Pensilvânia e depois como embaixador de seu novo país na França. Lá, ele se familiarizou com as ideias fisiocratas de Quesnay e Turgot, que acreditavam no crescimento econômico baseado no comércio, na concorrência e no livre mercado. Franklin resumiu aquela que seria a política externa ideal para o seu país de uma forma concisa: "O sistema da América é o comércio universal com todas as nações e guerra com ninguém".

[27] David Hume **(1711-1776)**: filósofo e historiador escocês.

Ideias-chave: sociedade baseada na utilidade e não na razão; direitos de propriedade; governo limitado.

Obra-chave: *Essays, moral, political, and literary* (1742) [*Ensaios morais, políticos e literários*].

As percepções de David Hume sobre a compreensão humana, causa, necessidade, moralidade, justiça, economia, teoria política e religião o tornam um dos filósofos mais importantes de todos os tempos. Ele também influenciou e inspirou pensadores liberais importantes, desde seu amigo Adam Smith, passando por Immanuel Kant (que disse que Hume o acordou de seus "adormecimentos dogmáticos"), até F. A. Hayek.

Embora Hume tenha sido radical ao desafiar as convenções filosóficas da época com seu método empírico cético, ele chegou à conclusão mais conservadora de que a paz, a prosperidade e a justiça são mais prováveis e bem estabelecidas quando se segue as regras sociais convencionais.

Hume entrou na Universidade de Edimburgo com dez ou onze anos. Com apenas 23 anos, ele começou a escrever o seu monumental *A treatise of human nature* (1739) [*Tratado da natureza humana*]. Apesar de ter seus cargos acadêmicos negados por causa de seu escandaloso ceticismo religioso, depois de seu *Inquiry concerning human understanding* (1748) [*Investigações sobre o entendimento humano*], foi convidado a ser bibliotecário na Faculty of Advocates. Lá, ele deu início ao *seu best-seller History of England* (1754-1762) [*História da Inglaterra*], que fez sua fama e fortuna. Em 1763, ele se tornou secretário particular do embaixador britânico em Paris, onde sua maneira notavelmente envolvente lhe rendeu vários convites para festas e salões mais badalados da época. Ele permaneceu ateu por toda a vida, mas garantiu que seu trabalho mais chocantemente cético, *Dialogues concerning natural religion* (1779) [Diálogos sobre a religião natural], fosse publicado apenas postumamente.

Hume atribuiu os sentimentos morais à simpatia (hoje diríamos empatia) que temos com outros seres humanos, uma ideia revolucionária que Smith desenvolveu em *The theory of moral sentiments* (1759) [*A teoria dos sentimentos morais*]. A natureza, disse Hume, nos deu virtudes naturais úteis, como a caridade, a bondade e o amor dos pais, mas para aproveitar todos os benefícios de viver nas grandes sociedades de hoje, precisamos de "virtudes artificiais", por exemplo, o respeito pelos direitos de propriedade, contratos e justiça. Respeitamos essas virtudes não por instinto, mas por utilidade, porque nos permitem evitar o roubo e a violência e viver juntos em paz. Eventualmente, eles se tornam tão arraigados em nossas práticas sociais que se tornam uma questão de hábito. Nós não exigimos que o governo crie essa ordem benéfica, mas ao contrário, ela surge antes do governo.

As regras específicas que promoviam essas virtudes eram questões de convenção. Não importava muito quais eram as regras exatas de propriedade ou justiça, desde que funcionassem razoavelmente bem e fossem aceitas. Portanto, ter um sistema de justiça que garantisse a paz era mais criticamente importante do que as leis propriamente ditas nas quais ele se baseava. Para que as pessoas invistam e criem riqueza, deve haver regras amplamente conhecidas, aceitas e funcionais de propriedade, transferência e contrato – embora as regras exatas possam diferir entre as sociedades.

Para Hume, a base de uma ordem social próspera era uma ordem espontânea funcional, moldada por um acordo geral e aprimorada pela experiência. Ele rejeitou todas as explicações racionalistas, como as de John Locke. A razão, argumentou ele, pode nos ajudar a realizar nossos desejos, mas não nos motiva. A razão era apenas "a escrava das paixões".

Uma coisa que a razão e a experiência nos ensinaram, no entanto, foi a necessidade de limitar o poder do governo:

> Os escritores políticos estabeleceram como uma máxima que, ao planejar qualquer sistema de governo e fixar as diversas restrições e controles da constituição, deve-se supor que todo homem é um patife e que ele não tem nenhum outro fim, em suas ações, senão o interesse privado.

[28] Adam Ferguson **(1723-1816)**: teórico social escocês.

Ideias-chave: ordem espontânea; divisão do trabalho; inovação e crescimento.

Obra-chave: *An essay on the history of civil society* (1767) [*Um ensaio sobre a história da sociedade civil*].

Ferguson é frequentemente chamado de o "pai da sociologia moderna" por causa de sua obra *An essay on the history of civil society* (1767). Mesmo tendo feito poucas contribuições originais ao pensamento liberal, ele é lembrado por sua frase enérgica sobre a ordem espontânea:

> Cada passo e cada movimento da multidão, mesmo naquilo que é denominado eras iluminadas, são feitos com igual cegueira para o futuro; e as nações tropeçam em estamentos, que são de fato os resultados da ação humana, mas não a execução de qualquer projeto humano.

Ele rejeitou a ideia do estado de natureza bélico de Thomas Hobbes, apontando (como Samuel von Pufendorf) que os seres humanos são criaturas naturalmente sociais. Ninguém jamais existiu isolado, as pessoas são moldadas pela família, pela língua e pelas normas morais nas quais nasceram – em suma, as pessoas são formadas pela sociedade. Ferguson esboçou a ideia da divisão do trabalho, que Adam Smith desenvolveria mais tarde da seguinte forma:

> O artista [artesão] descobre que quanto mais ele consegue confinar sua atenção a uma parte particular de qualquer obra, suas produções são mais perfeitas e crescem sob suas mãos em maior quantidade. Todo empreendedor na manufatura descobre que quanto mais ele pode subdividir as tarefas de seus operários e quanto mais mãos pode empregar em artigos separados, mais suas despesas diminuem e seus lucros aumentam.

Por meio do autointeresse, portanto, as pessoas produziram involuntariamente um mundo de diversidade criativa, eficiência e inovação, que alimentou o crescimento e a prosperidade, mas Ferguson questionou se a divisão do trabalho era totalmente benigna. Isso poderia, pensou ele, resultar em estratificação de classes e tensões sociais – e, de modo semelhante, se a segurança pública fosse deixada inteiramente apenas para os militares oficiais de carreira, isso poderia acabar em uma tirania.

[29] Adam Smith **(1723-1790)**: filósofo e economista escocês.

Ideias-chave: empatia humana e ordem espontânea; ataque ao mercantilismo; ganhos mútuos com o livre comércio; produtividade; divisão de trabalho; a mão invisível; os mercados direcionam os recursos para usos produtivos; justiça; governo limitado.

Obras-chave: *The theory of moral sentiments* (1759) [*Teoria dos sentimentos morais*]; *The wealth of nations* (1776) [*A riqueza das nações*].

Adam Smith foi um dos pensadores mais proeminentes do Iluminismo escocês do século XVIII. Ávido colecionador de livros e ideias, ele escreveu e deu palestras sobre ética, jurisprudência, literatura, política e filosofia da ciência. Atualmente, ele é mais lembrado como um economista pioneiro por ter escrito a sua influente obra *An inquiry into the nature and causes of the wealth of nations* (1776).

No entanto, foi o livro anterior de Smith sobre ética, *The theory of moral sentiments* (1759), que lhe trouxe fama. Os filósofos do Iluminismo buscaram uma base mais firme para a ética do que o dogma transmitido por clérigos e governantes, de modo que alguns buscaram alternativas "racionais", mas Smith, ao contrário, sugeriu que a moralidade era uma característica da psicologia social humana. Temos uma simpatia natural (empatia) pelos outros. Seu prazer ou dor nos afetam e gostamos de agir de forma a conquistar o seu respeito, e não sua ira. Como o livro começa,

> Por mais egoísta que se suponha o homem, evidentemente há alguns princípios em sua natureza que o fazem interessar-se pela sorte de outros, e considerar a felicidade deles necessária para si mesmo, embora nada extraia disso senão o prazer de assistir a ela.

Esse sentimento natural pelos outros nos leva a considerar como nossas ações afetam a todos e a restringir nosso egoísmo de forma que um espectador imparcial possa aprovar. Essa restrição, observou Smith, ajuda a produzir uma ordem social que funcione bem e perdure.

O livro foi um sucesso instantâneo e acabou motivando o padrasto do duque de Buccleuch a contratar Smith, com um salário vitalício, para ser tutor do jovem duque e levá-lo ao redor da Europa. Na França e na Suíça, Smith foi capaz de discutir ideias com os maiores pensadores europeus e coletar inúmeros fatos sobre diferentes sistemas de comércio e regulação. Ele começou a escrever o que se tornaria *The wealth of nations*, tecendo suas próprias ideias e as de outros em uma abordagem nova, sistemática e moderna da economia.

O sistema econômico predominante na época de Smith era o mercantilismo, que media a riqueza de uma nação por seus estoques de ouro e prata. A política era direcionada a aumentar esses estoques, vendendo o máximo possível para outros países e comprando o mínimo possível deles. Assim, as importações eram sufocadas por tarifas e regulamentações, enquanto as exportações eram estimuladas por subsídios.

Smith, no entanto, destacou que ambos os lados se beneficiam do comércio, não apenas os vendedores. Os vendedores certamente obtêm dinheiro, mas os compradores obtêm bens que valorizam mais do que o dinheiro que pagam. Nenhum dos lados faria uma barganha que não os beneficiasse. Logo, ele concluiu que o que tornava um país rico não era seu ouro e prata, mas suas trocas e comércio. A medida dessa riqueza seria o quanto o país realmente produzia e comercializava, o que hoje chamamos de produto interno bruto (PIB). Desse modo, ele argumentou que a maneira de aumentar esse produto era liberar o comércio e não restringi-lo.

Na verdade, podemos aumentar nosso produto ainda mais por meio dos enormes ganhos de produtividade possibilitados pela especialização, ou seja, pela divisão do trabalho. Usando o exemplo de uma fábrica de alfinetes, Smith mostrou como dividir a produção em diversas tarefas especializadas pode aumentar a produção milhares de vezes. Os produtores poderiam então produzir muito mais do que precisam para seu próprio consumo e trocar seu excedente com outros, que por sua vez eram especializados em outras áreas. Assim, todos ganhariam com a especialização generalizada. Os produtores também poderiam usar parte de seu excedente para investir em bens de capital, como fábricas e ferramentas que aumentariam sua produtividade e, consequentemente, a riqueza nacional.

Este é um sistema extremamente cooperativo, embora ninguém o planeje dessa forma. As pessoas produzem e trocam bens para beneficiar a si mesmas e não os outros: "Não é da benevolência do açougueiro, do cervejeiro ou do padeiro que esperamos nosso jantar, mas da consideração que ele tem pelos seus próprios interesses". No entanto, sem a intenção de fazê-lo, eles também enriquecem e melhoram a vida daqueles com quem negociam e, em última instância, de toda a sociedade:

> Cada indivíduo [...] não pretende promover o interesse público, nem sabe o quanto o está promovendo [...] ele pretende apenas sua própria segurança e dirigindo sua atividade de tal maneira que sua produção seja de maior valor, ele pretende apenas seu próprio ganho, e nisto, como em muitos outros casos, é levado por uma mão invisível para promover um fim que não fazia parte de sua intenção.

Essa cooperação não planejada é tão amplamente benéfica que abrange todo o mundo conhecido, até mesmo um simples casaco de lã, explica Smith, contém o trabalho de milhares de especialistas de vários países – de pastores a fiandeiros, tintureiros, marinheiros, fabricantes de ferramentas e varejistas.

Outro benefício não planejado do comércio é que ele direciona automaticamente os recursos para onde são necessários. Onde os bens são escassos, os consumidores estão dispostos a pagar mais por eles, já que como há mais lucro envolvido no seu fornecimento, os produtores se empenham em produzir mais. Quando há abundância, os preços caem e os produtores voltam seus esforços para produzir coisas de maior valor. A indústria, portanto, permanece focada nas necessidades mais importantes das pessoas, sem qualquer regulamentação e planejamento:

> O sistema óbvio e simples da liberdade natural se estabelece por si mesmo. Cada homem [...] é deixado perfeitamente livre para perseguir seus próprios interesses à sua própria maneira [...]. O soberano está completamente dispensado de um dever [para o qual] nenhuma sabedoria ou conhecimento humano poderia ser suficiente; o dever de ser o superintendente da indústria dos particulares, e de dirigi-la para os empregos mais adequados ao interesse da sociedade.

Mas isso é automático apenas quando há livre comércio e uma ampla concorrência. Quando os governos concedem subsídios ou monopólios a produtores favorecidos ou os protegem atrás de barreiras tarifárias, os consumidores acabam sendo explorados. Os pobres são os que mais sofrem, enfrentando custos mais elevados para suprir as suas necessidades mais básicas.

Um sistema judiciário que proteja os direitos de propriedade também é vital. Se as pessoas desejam acumular capital, elas devem confiar que ele estará seguro. Os países que prosperam são aqueles cujas instituições protegem as propriedades das pessoas contra o roubo generalizado. Isso inclui a proteção contra uma espécie de roubo bastante sutil, aquele no qual o empresário utiliza sua influência política junto aos legisladores para conquistar monopólios, benefícios tributários, subsídios, mecanismos de controles de preço e outros privilégios que distorcem o mercado a seu favor, o que atualmente conhecemos como capitalismo de compadrio.

Smith concluiu, portanto, que o governo deveria ser limitado, isto é, desempenhar apenas funções essenciais como defesa, justiça, infraestrutura e educação, mantendo obrigatoriamente os mercados livres e sem nenhum tipo de distorção. Em todo caso, os seres humanos são indivíduos com mentes próprias, que frustram os planos das autoridades:

> O homem do sistema [...] parece imaginar que pode organizar os diferentes membros de uma grande sociedade com muita facilidade, como a mão organiza as diferentes peças sobre um tabuleiro de xadrez. Ele não considera que, no grande tabuleiro de xadrez da sociedade humana, cada peça tenha um princípio de movimento próprio, completamente diferente daquele que o legislador poderia optar por conferir a ele.

[30] Richard Price (**1723-1791**): pregador não conformista galês, panfletário e radical.

Ideias-chave: direitos das mulheres; base contratual do governo; reforma eleitoral; oposição à dívida pública.

Obras-chave: *Appeal to the public on the subject of the national debt* (1772) [*Apelo ao público sobre o assunto da dívida nacional*]; *Observations on the nature of civil liberty* (1776) [*Observações sobre a natureza da liberdade civil*].

Price ficou famoso por sua defesa dos colonos americanos em sua disputa com a Grã-Bretanha, mas é mais lembrado atualmente como o mentor de Mary Wollstonecraft, que desenvolveu as ideias de Price no campo dos direitos das mulheres.

Pregador não conformista, Price argumentou que os monarcas não tinham o direito divino de governar, mas detinham o poder confiado pelo povo. Os únicos monarcas legítimos eram os da Grã-Bretanha, que estavam vinculados por um contrato explícito com o povo, a saber, o *Bill of rights* de 1689. Ele acreditava que os revolucionários americanos e, posteriormente os franceses, estavam simplesmente lutando pelo mesmo tipo de contrato. Muito da obra *The rights of man* (1791) [Os direitos do homem] de Thomas Paine foi escrita com base nas ideias e argumentos de Price. Ao longo de sua vida, ele se tornou amigo de Benjamin Franklin e John Adams (1735-1826), recebeu um título honorário da Universidade de Yale e lhe foi oferecida a cidadania americana, embora ele a tenha recusado. Em relação à França, ele se correspondeu com Turgot e apoiou os revolucionários franceses, mas morreu antes que o horror da Revolução Francesa se desenrolasse.

Price também defendeu a reforma do sistema eleitoral parlamentar notoriamente corrupto da Grã-Bretanha e se posicionou contra o comércio de escravos. Seu ataque à existência da dívida pública em 1771 orientou a decisão do primeiro-ministro William Pitt (1759-1806), dez anos depois de estabelecer um fundo de amortização para reduzi-la.

[31] Immanuel Kant (**1724-1804**): filósofo alemão.

Ideias-chave: direito universal à liberdade; indivíduos como fins, não meios; Estado limitado a defender direitos e liberdade; a ação moral exige livre escolha; os princípios morais e políticos devem ser universais; os direitos são convencionais, não naturais; governo limitado, contratual e não democrático; Estado de direito.

Obras-chave: *Kritik der reinen Vernunft* (1781) [*Crítica da razão pura*]; *Metaphysik der Sitten* (1797) [*A metafísica dos costumes*].

Kant é lembrado principalmente por seus pontos de vista sobre a metafísica e a teoria do conhecimento, mas também explorou a ética e a teoria política. Ele defendeu a liberdade como um direito universal, viu as pessoas como iguais e independentes, argumentou que os indivíduos não podem ser considerados meios para os fins de outras pessoas e procurou limitar o Estado a defender os direitos e a liberdade. Tudo isso o marca como liberal, embora em outros pontos seja conservador e autoritário.

Para Kant, a base da moralidade era a razão, mas para utilizar a nossa razão, devemos ser livres para expressar, discutir e agir de acordo com os nossos pontos de vista. Se não podemos controlar nossas próprias ações, elas (e nós) não podem ser chamadas de morais ou imorais. A lei moral, argumentou ele, não é hipotética, como quando dizemos a alguém para não roubar se quiser evitar uma punição. Ao contrário, ela é um imperativo categórico, uma ordem de nossa razão que deve ser obedecida por si mesma e em todos os momentos. A razão diz que devemos agir apenas se estivermos dispostos a ver nossas próprias ações aplicadas como uma lei universal para todos.

De semelhante modo, a política também deve ser baseada em princípios universais. Kant aceitou a necessidade de governo, pois para ele a sociedade só poderia funcionar se a liberdade (da qual derivam os nossos outros direitos) fosse garantida pelo Estado, no entanto, os demais direitos (incluindo o direito de propriedade) eram elementos estipulados pelo Estado, e não uma parte da lei natural. Se houve alguma exceção, foi a própria liberdade, compreendida como o direito de escolher livremente sem coerção, que nas palavras de Kant: "É o único direito original pertencente a todos os homens de acordo com a humanidade destes".

Kant foi um dos primeiros a explorar como seria um *Rechtstaat* ou "Estado de direito". Não pode ser democrático, argumentou ele, uma vez que o governo da maioria ameaça a liberdade das minorias. Pelo contrário, seria constitucional – contratual e limitado por lei, reconhecendo a liberdade e os direitos civis e judiciais iguais de cada pessoa. O soberano também deve obedecer à lei, embora, ao contrário de muitos liberais, Kant não aceitasse o direito à revolta. Ele defendeu uma rede de segurança financiada por impostos, dizendo que as pressões sobre as pessoas que sofrem necessidades extremas podem impedi-las de ser responsáveis por seus próprios atos, mas além dessas garantias, o Estado não tinha responsabilidade paternal de dirigir nossas ações:

> Ninguém pode me obrigar a ser feliz à sua maneira, mas cada um tem o direito de buscar a felicidade pelo caminho que lhe parece adequado,

contanto que aspirar semelhante fim não prejudique a liberdade dos demais, que pode coexistir com a liberdade de todos de acordo com uma lei universal possível.

[32] Turgot [Anne-Robert-Jacques Turgot, Baron de Laune] (1727-1781): economista e estadista francês.

Ideias-chave: equilíbrio orçamentário, desregulamentação; teoria subjetiva do valor.

Obra-chave: *Réflexions sur la formation et la distribution des richesses* (1769-70) [*Reflexões sobre a formação e a distribuição das riquezas*].

Amigo de Voltaire e influenciado pelas ideias dos fisiocratas, Turgot tornou-se um dos liberais mais proeminentes de seu tempo. Economista talentoso, em 1774 tornou-se controlador-geral do orçamento nacional, nesta posição foi o responsável por cortar o déficit e liberalizar o comércio. Além de contribuições muito originais para a economia, ele também escreveu sobre a teoria do progresso.

Turgot teve a chance de implementar suas ideias liberais quando nomeado coletor de impostos de Limoges. Ele aboliu a *corvée* [corveia], uma espécie de trabalho não remunerado em projetos do governo, e financiou estradas e canais para ajudar no comércio. Como controlador-geral, ele prometeu a Luís XVI uma economia "sem falência, sem aumento de impostos e sem empréstimos". Ele aboliu o controle de preços sobre os grãos, argumentando que os comerciantes locais eram melhores juízes dos mercados do que burocratas que viviam distantes da realidade do dia a dia, embora uma colheita ruim levasse a aumentos de preços e consequente agitação. Ele desregulamentou os negócios, interrompendo o privilégio de monopólio do Hôtel-Dieu de vender carne na sexta-feira, e encerrou a *corvée en nature* – uma espécie de trabalho não remunerado que as pessoas eram obrigadas a fazer para os aristocratas proprietários de terra. Apesar dos avanços, essas reformas criaram inimigos políticos para Turgot, fazendo com que ele perdesse o emprego depois de criticar os grandes gastos militares da França.

Ao longo de sua vida, Turgot escreveu que devemos cometer mil erros para encontrar uma verdade e que precisamos de um conhecimento profundo da história para evitar mais erros. Ele acreditava que o autointeresse era o principal motor do progresso e que, no livre mercado, o interesse individual sempre coincidia com o interesse geral. Como Voltaire, ele acreditava em uma monarquia constitucional "iluminada" e apoiou um sistema de escolas públicas para ensinar princípios liberais e combater a intolerância das escolas na Igreja.

Na economia, Turgot enfrentou o antigo preconceito contra a "usura", apontando que as taxas de juros devem refletir a escassez ou abundância de poupança, o tempo necessário para a produção e a incerteza do resultado. Os credores, portanto, não eram apenas financiadores ociosos, mas também empreendedores habilidosos e ativos, em busca de empreendimentos lucrativos, mas também assumindo os riscos envolvidos. Era de fato um mercado de capitais, com produtores demandando recursos para investir e capitalistas de olho nos usos alternativos de suas poupanças (o que hoje conhecemos como custo de oportunidade). Altas taxas de juros não eram moralmente erradas, mas simplesmente o preço do capital para os empreendimentos mais arriscados e de longo prazo. Essas pressões de mercado direcionariam eficientemente as economias para projetos úteis.

Mais de um século depois, economistas da Escola Austríaca como Carl Menger, Ludwig von Mises, Friedrich von Wieser (1851-1926) e F. A. Hayek desenvolveriam ainda mais essas ideias altamente originais, tomando como base os conceitos mais rudimentares lançados por Turgot sobre a utilidade marginal e o valor subjetivo que as pessoas atribuem a objetos. Turgot teve um impacto adicional como professor de Nicolas de Condorcet, que, após a queda de Turgot, continuou a ser um defensor declarado de suas ideias sobre o livre mercado, a abolição do trabalho forçado e uma sociedade livre.

[33] Anders Chydenius **(1729-1803)**: pastor, político e economista escandinavo.

Ideias-chave: livre-comércio; autointeresse; liberdade de expressão; desregulamentação.

Obra-chave: *Den nationnale winsten* (1765) [*O ganho nacional*].

Nascido na Finlândia, então sob controle sueco, Chydenius publicou em 1765 o panfleto *Den nationnale winsten* [O ganho nacional], onde resumia muitas das ideias que Adam Smith desenvolveria extensamente em *The wealth of nations* (1776).

Como Smith, ele rejeitou os subsídios à exportação mercantilistas, pois entendia que estes eram prejudiciais e defendeu publicamente o livre mercado, o livre-comércio e a uma indústria livre. O princípio orientador da economia, argumentou ele, era a liberdade. Pessoas se dedicavam ao comércio e fechavam acordos salariais por motivos de seu próprio interesse. Eles obtinham ganhos apenas produzindo o que seus vizinhos valorizavam, isto é, gerava um ganho econômico para toda a nação: "Todo indivíduo tenta espontaneamente encontrar melhor negócio e local onde possa maximizar o ganho nacional, isso se as leis não o impedirem de fazê-lo".

Em outros escritos, Chydenius explorou ideias liberais sobre a relação entre o cidadão e o Estado. Ele argumentou, um século antes de John Stuart Mill, que a verdade emergiria por meio da competição de ideias, tornando a liberdade de expressão uma base fundamental para a compreensão e o progresso.

Como parlamentar e reformador, Chydenius foi ativo em uma campanha para aliviar as restrições comerciais aos comerciantes locais. Ele também promoveu uma lei para abolir a censura, permitir que as pessoas escrevessem livremente sobre assuntos públicos e tornasse as informações do governo disponíveis gratuitamente ao público.

[34] Joseph Priestley (1733-1804): químico, físico, dissidente, reformador e teórico liberal inglês.

Ideias-chave: liberdade de expressão; tolerância religiosa; direitos civis e políticos; antiescravidão.

Obra-chave: *Essay on the first principles of government* (1768) [*Ensaio sobre os primeiros princípios de governo*].

Priestley é lembrado atualmente por sua descoberta do oxigênio e seus escritos sobre eletricidade, mas em sua própria época ele também era conhecido por suas visões liberais controversas. Influenciado por Richard Price, ele defendeu a livre troca de ideias, a tolerância e direitos iguais para os dissidentes – grupos religiosos que haviam se separado oficialmente das igrejas estabelecidas. Dissidentes (como o próprio Priestley) foram publicamente proibidos de ocupar cargos públicos, entrar em universidades e servir nas Forças Armadas. Embora poucos tenham sido processados, eles ainda se ressentiam dessa discriminação.

Em seu trabalho *Essay on the first principles of government* (1768), Priestley fez a distinção entre os direitos civis, devidos naturalmente a todos como membros da sociedade humana, e os direitos políticos, concedidos aos cidadãos como membros de uma comunidade política, e, seguindo essa lógica, ele argumentou que os direitos civis deveriam ser elaborados da forma mais ampla possível. Ele também insistiu que havia esferas públicas e privadas em nossas vidas (uma ideia elaborada posteriormente por F. A. Hayek), e que o governo deveria se envolver apenas na esfera pública. Para Priestley, a educação e a religião estavam firmemente na esfera privada, sendo questões de consciência individual, e não assunto do Estado.

Priestley utilizou seus argumentos contra o preconceito religioso para pedir tolerância em outras áreas da vida humana. Ele foi ativo em vários movimentos de reforma, expondo a corrupção oficial e apoiando (como Price) a reforma parlamentar, a abolição do comércio de escravos e a Revolução Americana. No entanto, o seu polêmico apoio à Revolução Francesa provocou protestos e violência contra ele, fato que o levou a emigrar e passar seus últimos anos nos Estados Unidos.

CAPÍTULO III

Revolucionários e radicais

✦ • ✦

Em meados de 1700, os colonizadores enviados para a América pela Grã-Bretanha estavam cada vez mais descontentes com a forma como a metrópole governava e regulamentava seu comércio. O Stamp Act 1765 (Lei do Selo de 1765), exigindo que documentos jurídicos oficiais, jornais e muitos outros materiais fossem impressos em papel feito em Londres, bem como a obrigatoriedade de comprovação do recolhimento dos tributos por meio de um selo fiscal lastreado em moeda inglesa, precipitou uma crise sem precedentes. A manobra do governo britânico era vista como uma tributação sem consentimento ou, como foi popularmente conhecida: *taxation without representation* [tributação sem representação], o que configurava um desrespeito aos antigos direitos do povo britânico, do qual os colonizadores se consideravam parte.

Quando o governo britânico aprovou uma legislação que visava puni-los e pegou em armas contra eles, os colonos passaram a ver a rebelião como inteiramente justificada, tomando seus argumentos dos filósofos liberais britânicos que tiveram de lutar nos eventos da Guerra Civil e da Revolução Gloriosa. Os colonizadores, então, se baseariam na Magna Carta e na Declaração de Direitos para moldar sua própria república.

Enquanto a Revolução Americana pode ter aplausos dos liberais, a Revolução Francesa, um pouco mais tarde, dividiu opiniões. No início, com a *Déclaration des Droits de l'Homme et du Citoyen* [Declaração dos Direitos do Homem e do Cidadão], as coisas pareciam promissoras, mas à medida que diferentes facções disputavam o poder, uma tirania foi meramente substituída por outra ainda mais sangrenta. Liberais franceses como Condorcet e Benjamin Constant lutaram para entender como esses regimes surgiram e como contê-los por meio de constituições. Os liberais ingleses, junto com muitos conservadores, procuraram evitar a turbulência da França reformando o sistema eleitoral. Liberais alemães, como Wilhelm von Humboldt, começaram a pensar sobre o papel de um Estado liberal e o desenvolvimento moral daqueles que o compõem.

Neste caldeirão, ideias radicais surgiram. Jeremy Bentham propôs um sistema moral completamente novo como fundamento para as políticas públicas. William Godwin questionou se os governos eram realmente necessários, enquanto sua esposa, Mary Wollstonecraft, argumentava (de forma bastante controversa na época) que as mulheres deveriam ter os mesmos direitos que os homens. O mundo estava mudando, não apenas industrialmente, mas social e intelectualmente também.

[35] Thomas Paine (**1737-1809**): jornalista, polemista e panfletário anglo-americano.

Ideias-chave: defesa da Revolução Americana; individualismo; tolerância religiosa e racial; igualdade moral; liberalismo republicano; sociedade civil.

Obras-chave: *Common sense* (1776) [*Senso comum*]; *The rights of man* (1791-1792) [*Os direitos do homem*].

Nascido em uma família *quaker* na Inglaterra, Paine imigrou para os Estados Unidos por sugestão de Benjamin Franklin quando se conheceram em Londres – a ideia era escapar das dívidas e do que ele enxergava como perseguição na Inglaterra. Ele foi responsável por apresentar as ideias liberais a um grande público por meio de seus livros, panfletos e jornalismo.

Seu livro *Common Sense* (1776) foi publicado quando o clima revolucionário nos Estados Unidos estava em seu ápice, cerca de meio milhão de cópias foram vendidas. Ao longo da obra, ele expôs vigorosamente seu posicionamento contrário às ações antiliberais de um governo britânico corrupto, explicou por que a independência era inevitável e reforçou a confiança no futuro dos Estados Unidos como uma república justa, democrática e liberal e que seria um exemplo para o mundo.

Mais tarde, em 1790, Paine visitou a França revolucionária e obteve mais sucesso com sua obra *The rights of man* (1791-92), refutando as *Reflections on the Revolution in France* (1790) de Edmund Burke (1729-1797) e criticando monarquias e instituições corruptas. Seu novo livro vendeu um milhão de cópias e levou as autoridades britânicas a acusá-lo de sedição. Ele se envolveu na política francesa, mas foi pego pelo partidarismo da época, o que o levou a quase ser executado.

Paine defendeu o individualismo e pregou a tolerância (incluindo a coexistência com os povos indígenas americanos) com base na igualdade moral de todos. Fiel às suas raízes *quakers*, ele combinou o republicanismo com o igualitarismo, pois desejava um governo constitucional, mas com impostos progressivos e programas de bem-estar. Ele defendia a propriedade privada, mas moderada pelo bem comum.

Sociedade, ele insistia, não era o mesmo que governo. O desejo de cooperar nos levou a desenvolver associações informais que promovem a harmonia social. Os governos não são necessários para isso e, de fato, violam nossos direitos naturais quando interferem. No entanto, outros direitos (como direitos de propriedade) ainda dependem do governo para serem defendidos. Quanto à melhor forma de governo, Paine argumentou que as repúblicas eram geralmente mais pacíficas do que as monarquias, e para a América ele propôs uma república representativa e constitucional. Segundo ele, o poder de qualquer governo deve se limitar a garantir nossos direitos civis. Paine também ressaltou a importância social do bom senso das pessoas.

[36] Cesare Beccaria (**1738-1794**): penalista, reformador e filósofo italiano.

Ideias-chave: teoria das penas; reforma penal; reforma legal.

Obra-chave: *Dei delitti e delle pene* (1764) [*Dos delitos e das penas*].

Inicialmente Beccaria teve uma educação jesuíta em Milão, mas se interessou por economia depois de ler Montesquieu. Anos mais tarde, ele foi o responsável por promover uma reforma econômica como membro do conselho econômico de Milão, embora atualmente seja mais lembrado por seu livreto *Dei delitti e delle pene* (1764), que foi elogiado por Jeremy Bentham e teve um efeito profundo nos sistemas legais e penais em toda a Europa.

Beccaria argumentou que o propósito adequado da lei e da punição é preservar o contrato social. O crime ocorre quando as pessoas buscam seus próprios interesses, mas a educação pode mostrar a elas que seu verdadeiro interesse está em respeitar o contrato social. A punição existe para servir ao bem público, impedindo as pessoas de violar o contrato social, mas não para infligir dano ou servir como mera retribuição (do tipo "olho por olho") aos infratores.

Portanto, ele condenou a tortura, as acusações secretas, as punições arbitrárias e severas e a pena de morte. As punições devem ser proporcionais ao crime, ele insistia. Para efeitos de dissuasão máximos, a punição deve ser ágil, mas não necessariamente severa. O crime poderia ser eliminado pela simplificação das leis, o que tornaria o sistema de justiça mais eficaz, melhoraria a educação e recompensaria a virtude.

[37] Thomas Jefferson **(1743-1826)**: polímata, constitucionalista e presidente dos Estados Unidos.

Ideias-chave: fundamentos intelectuais da Revolução Americana; direitos naturais e inalienáveis; base contratual do governo; direito de derrubar governos tirânicos; separação de poderes; liberdade de imprensa; tolerância religiosa.

Obras-chave: *Declaration of Independence* (1776) [*Declaração de Independência*]; *Notes on the state of Virginia* (1785) [*Notas sobre o estado da Virgínia*].

Jefferson leu amplamente sobre muitos assuntos, incluindo artes, ciência e filosofia política, acumulando a maior biblioteca pessoal dos Estados Unidos. Entre seus muitos feitos famosos, ele é mais lembrado por ter redigido *The unanimous Declaration of the thirteen United States of America* [Declaração da Independência dos Estados Unidos], na qual inseriu ideias de John Locke e Algernon Sidney. Seu preâmbulo resumia vigorosamente a visão de Locke, declarando que "todos os homens são criados iguais, dotados pelo Criador de certos direitos inalienáveis, entre os quais figuram a vida, a liberdade e a busca da felicidade". O governo legítimo baseava-se então em um contrato com o povo, que possuía o: "[…] direito e dever de se livrar desse governo e fornecer novas salvaguardas para sua segurança futura".

Jefferson desconfiava do poder público e privado, e continuou ajudando a criar uma Constituição na qual (seguindo Montesquieu) os poderes foram separados. Ele também apoiou a educação pública e uma imprensa livre como formas de restringir o poder do governo. Também se opôs à intolerância religiosa, alegando que as opiniões religiosas de uma pessoa não faziam mal aos outros. Ele acreditava que as pessoas deveriam ser livres para agir como bem entendessem, desde que não infringissem a liberdade semelhante de outras pessoas, uma ideia que John Stuart Mill mais tarde chamou de princípio do dano alheio ou, como é modernamente conhecido, princípio da não agressão.

Notavelmente, Jefferson e seu colega John Adams (1735-1826) morreram com poucas horas de diferença em 4 de julho de 1826, no 50º aniversário da Declaração de Independência que ambos ajudaram a escrever anos antes.

[38] Nicolas de Condorcet [Marie Jean Antoine Nicolas de Caritat, Marquês de Condorcet] (1743-1794): matemático francês, cientista e teórico político.

Ideias-chave: problemas de escolha pública; sufrágio feminino; igualdade Racial.

Obras-chave: *Réflexions sur l'esclavage des nègres* (1781) [*Reflexões sobre a escravidão dos negros*]; *Essai sur l'application de l'analyse à la probabilité des décisions* (1785) [*Ensaio sobre a aplicação da análise à probabilidade de decisões*].

Condorcet é mais conhecido por seus estudos matemáticos relacionados aos resultados eleitorais, prova disso é que o famoso paradoxo de Condorcet leva o seu próprio nome. Também conhecido como "paradoxo do voto", a situação descrita por Condorcet aponta para o problema da "pedra, papel, tesoura" de que embora as pessoas possam preferir **A** a **B** (tesoura ao invés de papel) e **B** a **C** (papel ao invés de pedra), elas ainda podem preferir **C** a **A** (pedra ao invés de tesoura), desse modo, as eleições podem não produzir um resultado estável. Condorcet desenvolveu um método que permite ter diferentes rodadas de votação para escolher o candidato geral mais favorecido. Por essas contribuições, ele é considerado um pioneiro da *Public Choice School* [Escola da Escolha Pública], cujos expoentes modernos são James Buchanan e Gordon Tullock.

Condorcet foi influenciado pelas ideias dos fisiocratas e apoiou uma economia liberal, tanto é que Turgot o nomeou inspetor geral da Casa da Moeda de Paris. Além de sua abordagem liberal da economia, o matemático apoiou a existência de governo constitucional, a educação pública gratuita e o sufrágio feminino. Como abolicionista, ele também defendeu a ideia de direitos iguais para todos independentemente da raça. Após a Revolução Francesa, Condorcet esperava um governo racionalista esclarecido e propôs, junto com outras reformas, uma ampla reforma educacional. No entanto, por ter se envolvido em disputas entre facções políticas durante a Revolução, ele acabou preso e morreu na prisão.

[39] Jeremy Bentham **(1748-1832)**: filósofo inglês e reformador social.

Ideia-chave: utilitarismo.

Obra-chave: *The principles of morals and legislation* (1789) [*Os princípios da moral e da legislação*].

Bentham é mais conhecido por sua filosofia ética do utilitarismo que preconiza que o padrão moral das ações não era os direitos e deveres em si, mas a quantidade de felicidade ou infelicidade gerada por elas. O certo e o errado podiam, portanto, ser medidos objetivamente, logo não era algo que o Estado pudesse prescrever.

Bentham defendia muitos princípios liberais, incluindo a igualdade entre os sexos. Ele escreveu um apelo para relaxar as leis contra a homossexualidade (o primeiro argumento sistemático sobre o assunto), argumentando que elas eram uma resposta pública desproporcional às ações privadas de indivíduos adultos. Ele lutou contra a corrupção, a crueldade com os animais e o tratamento excessivamente severo dos criminosos. Também ajudou a fundar a University College London como uma forma de expandir a educação para aqueles que não eram ricos nem membros da Igreja oficial. Ele ensinou e inspirou John Stuart Mill, um dos mais proeminentes teóricos liberais clássicos.

No entanto, Bentham queria "codificar" o sistema de *common law* em estatutos e teceu duros ataques à Declaração de Independência dos EUA e à Declaração de Direitos da França. Os direitos, argumentou ele, não eram "naturais", mas eram delineados pelos legisladores, que deveriam atribuí-los com base na "quantidade geral de felicidade" (ou seja, sua utilidade). Para ele, os direitos naturais imprescritíveis eram "simples tolices retóricas – tolices sobre pernas de pau".

[40] James Madison **(1751-1836)**: constitucionalista americano e presidente dos Estados Unidos.

Ideias-chave: direitos como propriedade; impostos baixos e fixos; crítica ao poder arbitrário; freios e contrapesos constitucionais.

Obra-chave: *The federalist* (1787-1788) [*O federalista*].

Madison foi o principal redator da Constituição dos Estados Unidos e ajudou a garantir que ela adotasse a separação de poderes, conforme proposto por Montesquieu. Essa ideia foi defendida por ele em detalhes em sua obra o *The federalist* [O federalista]. Segundo ele, cada palavra de uma constituição estava lá para decidir conflitos entre poder e liberdade, mas que a única força real das constituições era "a vigilância com que são guardadas por cada cidadão na vida privada".

Madison adotou uma visão inovadora sobre direitos, descrevendo-os como uma forma de propriedade, pois para ele o governo foi instituído para "proteger a propriedade de todo tipo" e esta é a base da liberdade, uma vez que a propriedade inclui os direitos do indivíduo à vida, à liberdade de expressão, religião e consciência. Assim como podemos legitimamente impedir outras pessoas de invadir nossa terra, também podemos legitimamente impedi-los de invadir nossos direitos.

Madison, portanto, clamou por um governo que "respeitaria igualmente os direitos de propriedade e a propriedade em direitos". Assim, a tributação, sendo ela própria um imposto sobre a propriedade, deveria ser muito limitada. A tributação progressiva e a redistribuição seriam injustas e ineficazes também, uma vez que reduziriam os incentivos ao trabalho.

As imposições do governo sobre as opiniões, religião, trabalho e lazer das pessoas também devem ser limitadas. O alistamento militar equivaleria a "apreensões arbitrárias de uma classe de cidadãos para o serviço do resto", violando nossa liberdade e a propriedade que temos de nós mesmos. Igualmente injustos eram os regulamentos, privilégios e monopólios arbitrários, que negavam às pessoas uma escolha aberta de ocupações e o livre uso do que produziam.

[41] John Taylor of Caroline (1753-1824): político e escritor americano.

Ideias-chave: direitos naturais; autogoverno sob um Estado limitado.

Obra-chave: *An inquiry into the principles and policy of the government of the United States* (1814) [*Uma investigação sobre os princípios e políticas do governo dos Estados Unidos*].

Nascido na Virgínia, Taylor estudou direito, mas desistiu da carreira jurídica para se dedicar à agricultura e à política. Ele foi pioneiro em novos métodos agrícolas, serviu no governo estadual e no Senado dos Estados Unidos da América, tornando-se o principal defensor da abordagem "republicana" de seu amigo Thomas Jefferson, que defendeu limites rígidos à autoridade central. Ele delineou o que ficou conhecido como sendo o ideal americano: proprietários independentes e autônomos vivendo em um Estado limitado e descentralizado. Seu pensamento mescla ideias liberais de direitos individuais, ideias republicanas de bom governo, um apego conservador à comunidade e uma suspeita populista do poder político e econômico.

Taylor via as pessoas como uma mistura de bem e mal, mas sustentava que um governo constitucional baseado em princípios virtuosos poderia reduzir os efeitos nocivos do interesse próprio e da ignorância. Embora se preocupasse com o fato de a constituição dos EUA dar ao presidente muito poder, ele a considerava amplamente benéfica porque tornava o povo soberano em um sistema republicano e representativo no qual o poder era equilibrado. Taylor argumentou que os direitos naturais, dos quais a liberdade era o mais importante, possuíam o *status* de uma lei moral objetiva. Os direitos existiam antes do governo, que, portanto, não podia negá-los, mas deveria defendê-los como escudos contra a coerção, o despotismo e a ignorância.

Ele negou que as divisões de classe ou riqueza fossem inevitáveis, vendo-as como enraizadas no privilégio e na corrupção decorrentes do abuso de poder. As liberdades políticas e econômicas eram inseparáveis, insistiu Taylor. Ele via o papel-moeda como uma espécie de imposto que redistribui a riqueza de agricultores e trabalhadores para banqueiros e capitalistas manufatureiros e atacou a alta tributação e o protecionismo.

Outra grande crítica sua foi tecida em relação à criação de um banco nacional, conforme proposto por Alexander Hamilton, pois John Taylor o via como uma agência sem controle que cederia, cedo ou tarde, ao privilégio dos ricos.

[42] Antoine Destutt de Tracy (1754-1836): filósofo iluminista francês.

Ideias-chave: direitos de propriedade; valor subjetivo; ganhos do comércio; anti-intervencionismo; efeitos nocivos do subsídio e do monopólio estatal.

Obras-chave: *Commentaire sur l'esprit des lois de Montesquieu* (1808)[*Comentário sobre o espírito das leis de Montesquieu*]; *Essai sur le génie et les ouvrages de Montesquieu* (1808) [*Ensaio sobre o gênio e as obras de Montesquieu*]; *Élémens d'idéologie* (1817-18) [*Elementos da ideologia*].

De Tracy era um aristocrata que renunciou ao seu título e entrou na política. Ele escapou por pouco da execução no terror que se seguiu à Revolução Francesa, mas durante sua longa prisão, ele teve contato com as obras de John Locke e outros liberais, que influenciaram seu próprio pensamento. Economia, política e questões sociais, pensava ele, eram unificadas pela ideologia; e ao lado de Jean-Baptiste Say, Condorcet, Madame de Stael e outros, ele formou o grupo filosófico chamado de Ideólogos. Ele popularizou as ideias de Adam Smith, apoiou o governo republicano e defendeu o livre mercado. Sua influência foi mundial, tanto que Thomas Jefferson elogiou seus escritos e os traduziu.

A sociedade, explicou de Tracy, é uma contínua série de trocas na qual ambos os lados ganham com isso – o valor do que cada um abre mão é menor, para eles, do que o que eles ganham: "Quando eu troco meu trabalho por salário é porque eu estimo o salário mais do que eu deveria ter sido capaz de pagar ou produzir trabalhando para mim mesmo; e aquele que me paga valoriza mais os serviços que lhe presto do que o que ele me dá em troca". É isso que torna a economia de troca tão altamente benéfica e a torna ainda mais produtiva pelos empresários, que acumulam e investem capital, empregam pessoas e geram valor, que eles reinvestem novamente.

De Tracy também escreveu sobre os males da inflação, que ele viu como um engano por parte das autoridades, possibilitado pela existência do papel-moeda. Ele afirmou que a inflação enriquece os devedores e sonegadores de impostos e causa incerteza, que acaba com a atividade econômica. Pelas mesmas razões, o governo não deve ter poder para controlar a taxa de juros.

Ele descreveu empresas apoiadas pelo Estado ou que possuem algum tipo de privilégio governamental como sendo viciosas, e argumentou que monopólios criados pelo governo violam nosso direito natural de comprar e vender de forma livre. Os impostos, especialmente sobre gêneros essenciais, eram prejudiciais, e no que concerne à realização de obras, ele entendeu que a existência de obras públicas exclui outros projetos privados mais vantajosos. Para de Tracy, em uma economia *laissez-faire*, ao contrário, todos buscaríamos aquilo que consideramos mais importante e não o que é do interesse dos poderosos.

[43] William Godwin **(1756-1836)**: filósofo moral e político inglês.

Ideias-chave: anarquismo; utilitarismo; igualdade moral.

Obra-chave: *An enquiry concerning political justice* (1793) [*Uma investigação sobre justiça política*].

Godwin, que começou a vida como ministro protestante não conformista, foi um dos primeiros expoentes do utilitarismo e o primeiro proponente moderno do anarquismo, isto é, a crença de que uma sociedade pode florescer sem qualquer autoridade governamental, algo que não se deve confundir com a propensão a tumultuar e jogar bombas, como muitas pessoas imaginam hoje. Ele também escreveu histórias e publicou diversos livros infantis.

A vida e as ideias escandalosas de Godwin o tornaram infame. Casou-se com a defensora da igualdade de direitos entre homens e mulheres, Mary Wollstonecraft e tornou-se amigo dos poetas românticos Samuel Taylor Coleridge (1772-1834), Lord Byron (1788-1824), Robert Southey (1774-1843) e Percy Bysshe Shelley (1792-1822), que quitou suas dívidas e fugiu com sua filha Mary (1797-1851), autora de Frankenstein. Quando a esposa de Godwin morreu, ele escreveu uma biografia chocante contando seus vários casos e tentativas de suicídio, o que o levou a ser evitado pela elite da época.

Em *An inquiry concerning political justice* (1793), Godwin atacou todas as instituições políticas, pois acreditava ser intolerável que alguns indivíduos controlassem outros. Nascimento e posição social, ele insistiu, não devem afetar a forma como as pessoas são tratadas. A monarquia era um privilégio corrupto e aristocrático injusto. De fato, qualquer forma de governo corrompe a sociedade, pois perpetua a dependência e a ignorância, afirmava ele.

Assim, Godwin desejava o fim completo do direito, da propriedade e de todas outras instituições. Essa anarquia (no sentido de ausência de autoridade) funcionaria por meio do diálogo, e não pela coerção. Exigiria liberdade de expressão e conversa franca, uma vez mais que as pessoas já eram capazes de reconhecer a verdade, pois, com o avanço da tecnologia, elas passaram a ter mais tempo para refletir e encontrá-la. Assim, a compreensão moral substituiria a necessidade da política e as ações seriam decididas com base em princípios utilitaristas racionais: "Se a justiça tem algum significado [...], é justo que eu contribua com tudo o que estiver ao meu alcance para o benefício do todo" – escreveu ele.

[44] Mary Wollstonecraft (1759-1797): defensora inglesa dos direitos das mulheres.

Ideias-chave: feminismo; direitos iguais; republicanismo.

Obras-chave: *A vindication of the rights of men* (1790) [*Uma reivindicação dos direitos dos homens*]; *A vindication of the rights of women* (1792) [*Uma reivindicação dos direitos das mulheres*].

Mary Wollstonecraft, esposa de William Godwin (e mãe de Mary Shelley) foi uma pensadora radical que levou uma vida não convencional para sua época. Ela foi uma romancista e uma das primeiras filósofas políticas feministas, que acreditava que os direitos dos homens deveriam se estender igualmente às mulheres. Seus pontos de vista foram inspirados pelos sermões de Richard Price, que a apresentou a Joseph Johnson, um editor radical, que a permitiu desenvolver e difundir suas ideias mais amplamente.

Em *A vindication of the rights of men* (1790), Wollstonecraft propôs a substituição do sistema aristocrático por uma república e atacou o tradicionalismo de Edmund Burke como elemento sufocante do progresso e da racionalidade. Em *A vindication of the rights of women* (1792), ela enfatizou como as mulheres eram essenciais na sociedade e para a educação das crianças; e que como seres humanos racionais, elas mereciam os mesmos direitos que os homens. Mary defendeu mais educação para as mulheres, mas não para o benefício dos homens, e sim para o delas mesmas, insistindo que deveria ser uma "educação segundo o mesmo modelo" oferecido aos homens. As mulheres, ela pensou, estavam sendo retidas pelo foco da sociedade na beleza e modéstia e outros valores falsos da classe média. Em suas palavras:

> As mulheres civilizadas do presente século [...] com poucas exceções, só estão ansiosas para inspirar amor, quando deveriam nutrir uma ambição mais nobre e, por suas habilidades e virtudes, exigir respeito.

[45] Germaine de Staël **(1766-1817)**: intelectual e romancista franco-suíça.

Ideias-chave: liberalismo republicano; governo representativo; propriedade privada como fundamento de direitos; monarquia constitucional; antiabsolutismo; descentralização.

Obra-chave: *Considerations on the principal events of the French Revolution* (1817) [*Considerações sobre os principais eventos da Revolução Francesa*].

Apesar de ser algo considerado algo pouco usual para mulheres de sua época, Staël tornou-se uma das principais intelectuais e escritoras de seu período. Sua influência consolidou-se como um fenômeno internacional do mais alto nível, pois ela polemizou com Napoleão Bonaparte (1769-1821), correspondeu-se com Thomas Jefferson e conheceu o *czar* russo Alexandre I (1777-1825). Sua personalidade, intelecto brilhante e fama como romancista e pensadora política, fizeram dela uma atração para os salões da Alemanha, Inglaterra, Suécia, Rússia e Áustria. Ela nutriu romances com algumas das principais figuras da época, incluindo Johann Goethe (1749-1832), William Pitt (1759-1806) e Benjamin Constant. Como disse um contemporâneo seu: "Existem três grandes potências na Europa: Inglaterra, Rússia e Madame de Staël".

Ela nasceu em uma família rica. Seu pai, o banqueiro suíço Jacques Necker (1732-1804), foi ministro das Finanças de Luís XVI (1754-1793) e autor de livros sobre liberdade, governo e constituição. Depois que Necker foi demitido do serviço real, a família se mudou para a Suíça. Seus pais a forçaram a se casar com um diplomata sueco que embora tivesse o dobro de sua idade, ajudou a elevar o seu *status* social, o que permitiu a ela começar a escrever sobre política, ainda que os agentes de Napoleão monitorassem as suas atividades e a obrigassem a continuar no exílio.

Em 1814, ela retornou a Paris sob a restauração dos Bourbon e, em 1817, completou a sua obra *Considerations on the principal events of the French Revolution*. O livro tornou-se a base do liberalismo francês moderno. Argumentava que a Revolução era o resultado inevitável dos mesmos fatores sociais, culturais e políticos que haviam produzido a revolução sem derramamento de sangue na Inglaterra um século antes. Madame Staël enxergou os muitos abusos de poder por parte dos monarcas franceses, como no caso das prisões arbitrárias e banimentos, como uma justificativa parcial da Revolução, mas apesar disso ela também criticava o poder absoluto conquistado por Bonaparte após a turbulência política.

A França era governada por um poder arbitrário, e não pela lei, ela explicou. O único sistema que poderia resolver as tensões políticas duradouras era o sistema liberal de constitucionalismo, moderação política, governo representativo, Estado de direito e propriedade privada. A prosperidade econômica, argumentou ela, baseava-se no Estado de direito, na moralidade e na liberdade política, sustentada pela liberdade de expressão e uma imprensa livre, que vinculava os representantes políticos à vontade dos governados. Isso, por sua vez, encorajaria a harmonia social: "Nada além da liberdade", escreveu ela, "pode despertar a alma para os interesses da ordem social".

[46] Wilhelm von Humboldt **(1767-1835):** filósofo prussiano, educador, diplomata e linguista.

Ideias-chave: liberdade essencial ao desenvolvimento moral; o Estado como vigia noturno.

Obra-chave: *On the limits of State action* (1850)[6] [*Os limites da ação do Estado*].

---

6. O nome oficial da obra em inglês é *The sphere and duties of Government* [*A esfera e as atribuições do governo*], mas ficou popularmente conhecido no mundo anglófono como *On the limits of State action* [*Os limites da ação do Estado*], no original em alemão, a obra foi denominada *Ideen zu einem Versuch, die Gränzen der Wirksamkeit des Staates zu bestimmen*, que em uma tradução livre fica *Ideias sobre uma tentativa de determinar os limites da eficácia do Estado*. (N. E.)

Humboldt foi muito influenciado por John Locke. Seu livro póstumo, *On the limits of State action* (1850), influenciou John Stuart Mill, cujo ensaio *On liberty* (1859) divulgou as ideias de Humboldt aos falantes de inglês.

O Estado, escreveu ele, deveria limitar-se a fornecer segurança aos indivíduos que o compõem. O propósito mais elevado dos seres humanos era o autocultivo e o desenvolvimento moral. A liberdade era essencial para esse propósito, bem como ter uma ampla gama de experiências e opções para poder aprender. Portanto, deveríamos tolerar a diversidade. "A liberdade é a condição grandiosa e indispensável", escreveu ele. Mas liberdade significava diversidade: "Mesmo o mais livre e autoconfiante dos homens é frustrado e impedido em seu desenvolvimento pela uniformidade de posição".

A liberdade, para Humboldt, era a condição em que as pessoas gozavam da "mais absoluta liberdade" para desenvolver sua individualidade como quisessem, restrita apenas por seus direitos e habilidades, e sem que ninguém mais os impedisse de fazê-lo. O Estado deveria, portanto, ter apenas um papel de vigia noturno, protegendo-nos contra transgressões, mas não interferindo em nosso autodesenvolvimento.

[47] *Benjamin Constant* [Henri Benjamin Constant de Rebecque] (1767-1830): romancista franco-suíço, político, escritor e ativista.

Ideias-chave: constituições como instrumento de restrição ao governo; freios e contrapesos; direito de resistir ao governo ilegítimo.

Obra-chave: *The principles of politics applicable to all governments* (1815) [*Princípios de política aplicáveis a todos os governos*].

Constant foi um dos primeiros pensadores a se chamar de "liberal". Bem viajado, estudou na Alemanha e na Escócia, onde descobriu as ideias de Adam Ferguson e Adam Smith. Embora um crente na monarquia constitucional e na existência de uma câmara alta aristocrática no Legislativo, ele fez importantes contribuições para a teoria política liberal.

Em particular, Constant argumentou que as constituições não existem para empoderar os nossos líderes, mas para restringi-los. Mesmo o governo popular se transformaria em despotismo majoritário, a menos que fosse contido, pois como Montesquieu havia argumentado, o poder precisa de freios e contrapesos constitucionais para restringi-lo. Nenhum de nós, insistia Constant, tinha qualquer direito de governar sobre o outro, mas, antes, essa relação deveria ser fundada com base no consentimento. Se o governo perdesse o consentimento do público, perderia toda a sua autoridade e seu poder coercitivo se tornaria ilegítimo. As pessoas tinham o direito de resistir a governos que abusavam de suas liberdades – outra restrição valiosa ao poder do governo.

Mas mesmo com esse sistema, só seria possível chegar até certo ponto, pois a vida atarefada das pessoas, alertou ele, lhes deixava pouco tempo para uma participação ativa na política. Desse modo, a liberdade acabava sendo mais valiosa para elas do que ter uma voz política. Constant elaborou uma longa lista de liberdades básicas, tais como: liberdade pessoal, liberdade religiosa, liberdade de expressão e opinião, direitos de propriedade e imunidade a decisões arbitrárias de autoridades.

[48] Jean-Baptiste Say **(1767-1832)**: empresário e economista francês.

Ideias-chave: Lei de Say, economia pelo lado da oferta; incentivos liberais ao progresso.

Obra-chave: *Traité d'économie politique* (1803) [*Tratado de economia política*].

A lei que leva seu nome (resumida por um economista do século XX como "toda oferta cria sua própria demanda"), Say nasceu em uma família protestante em Lyon. Destinado a uma vida de comércio, trabalhou para comerciantes de açúcar na Inglaterra, depois para seguradoras na França, mas sua carreira mudou quando foi nomeado secretário do ministro das Finanças da França, seguido por outros cargos no governo – até que seus escritos (expondo os princípios liberais de Adam Smith) incomodaram Napoleão Bonaparte (1769-1821), o que fez com que ele voltasse aos negócios, administrando uma grande fábrica de algodão.

A Lei de Say sugere que a produção é a fonte de toda demanda (algo que escritores anteriores como James Mill e John Stuart Mill já haviam sugerido). Como Say explica, os indivíduos ganham dinheiro apenas quando criam um bem ou serviço de sucesso – e só então podem comprar outros bens e serviços.

Há duas importantes conclusões liberais disso. Primeiro, a produtividade e o investimento são as únicas maneiras de aumentar a prosperidade, enquanto os gastos e a regulamentação do governo podem realmente prejudicá-la. Em segundo lugar, a economia se autorregula, se houver superprodução em um mercado, ela retornará ao equilíbrio sem intervenção do governo, seja pela diminuição na oferta pelos produtores ou pela diminuição da demanda dos clientes que já não poderão pagar tanto. Say também defendeu a restrição monetária, uma vez que a inflação distorce os sinais de preços relativos (um ponto retomado posteriormente por Ludwig von Mises e F. A. Hayek). Defendeu a estabilidade monetária, a propriedade privada, o não tabelamento de preços, concorrência, impostos baixos e orçamentos equilibrados para que os empresários fossem incentivados a inovar e investir em melhores soluções para as necessidades das pessoas.

[49] David Ricardo (1772-1823): economista, investidor e político inglês.

Ideias-chave: teoria econômica; livre comércio, vantagem comparativa.

Obra-chave: *On the principles of political economy and taxation* (1817) [*Princípios de economia política e tributação*].

A carreira de Ricardo começou como um investidor da bolsa e especulador de sucesso. Dizia-se que ele ganhou 1 milhão de libras ao enganar os participantes do mercado, fazendo-os pensar que os franceses haviam vencido a Batalha de Waterloo e, em seguida, comprando ações e títulos a preços baixos.

Sua carreira como economista começou quando leu *The Wealth of Nations* (1776), de Adam Smith. Aplicando uma lógica rigorosa às ideias de Smith, ele fez importantes desenvolvimentos na teoria de aluguéis, salários, lucros, tributação e valor. Em 1809, Ricardo argumentou que a inflação alta na Inglaterra era o resultado da emissão excessiva de notas, o que acabou o distinguindo como um dos primeiros monetaristas. Como Smith, ele se opôs ao protecionismo, argumentando que as *Corn Laws* (leis que restringiam as importações de trigo) tornavam a produção doméstica ineficiente e aumentavam os aluguéis.

A maior contribuição de Ricardo para o pensamento liberal talvez tenha sido a sua teoria das vantagens comparativas. Os países, disse ele, poderiam melhorar sua situação especializando-se naquilo que para eles é possível produzir relativamente mais barato (em termos do que mais poderiam ter produzido) do que outros países. Mesmo que um país possa produzir tudo mais barato do que outro (em termos absolutos), ainda é melhor se especializar e comercializar os bens onde eles têm vantagem comparativa. Este princípio tornou-se e continua a ser um dos fundamentos da defesa do comércio.

[50] James Mill **(1773-1836)**: economista escocês, historiador, cientista político e filósofo.

Ideias-chave: reforma do direito e das prisões, utilitarismo, tolerância e liberdade de expressão; governo representativo; reforma parlamentar.

Obras-chave: *Elements of political economy* (1821) [*Elementos de economia política*]; *Essay on government, jurisprudence, liberty of the press, education, and prisons and prison discipline* (1823) [*Ensaio sobre governo, jurisprudência, liberdade de imprensa, educação e prisões e disciplina prisional*].

A mãe de James Mill, determinada a melhorar as perspectivas de vida de seu filho, fruto de seu casamento com o sapateiro James Milne, deu-lhe uma educação rigorosa e até mudou o nome da família de Milne para Mill, para que o sobrenome soasse menos escocês. James tornou-se um notável professor erudito de grego na Universidade de Edimburgo e foi ordenado ministro da Igreja da Escócia, embora seu verdadeiro talento estivesse em ensinar e escrever.

Mudando-se para Londres, escreveu um panfleto criticando os subsídios à exportação e tornou-se um colaborador regular de revistas e jornais. Em um estilo simples, claro e lógico, escreveu verbetes para a *Encyclopaedia Britannica* sobre política, direito e educação, e artigos sobre reforma prisional (argumentando que a criminalidade se devia à má educação e que as prisões deveriam reeducar os criminosos, e não maltratá-los. Em 1818, ele escreveu um livro enorme de três volumes intitulado *The history of British India* [A história da Índia Britânica] e, apesar de suas críticas ao domínio britânico, ingressou no serviço civil indiano em Londres.

Aos trinta e poucos anos, ele conheceu Jeremy Bentham, que compartilhava suas crenças na tolerância religiosa, reforma legal, liberdade de expressão, liberdade de imprensa e numa reforma democrática. Ele se tornou o amigo mais próximo de Bentham e o principal defensor de seu utilitarismo, transformando as ideias rústicas de Bentham em uma filosofia amplamente popular.

O *Essay on government* (1820) de Mill foi uma ampla pesquisa sobre política. Usando princípios utilitários, ele argumentou que o governo existe para promover a felicidade dos indivíduos na comunidade. Uma vez que as pessoas naturalmente desejam obter a felicidade com o mínimo esforço, e viveriam alegremente do trabalho dos outros (cuja felicidade é assim diminuída), o governo deveria buscar maximizar a felicidade limitando tal exploração. A monarquia e a aristocracia não conseguiram isso porque foram construídas sobre a exploração, mas, por outro lado, a democracia direta absorvia muito do tempo e esforço das pessoas, o que indicava, portanto, que um governo representativo era melhor.

Entretanto, os indivíduos eram os melhores juízes de seus próprios interesses, e os representantes precisavam ser impedidos de impor seus próprios interesses aos outros. Assim, Mill defendeu uma reforma radical, incluindo eleições frequentes, mandatos curtos e um sufrágio mais amplo – embora, para desgosto de seu filho John Stuart Mill, ele não defendesse o direito ao voto para as mulheres. As ideias de Mill avançaram significativamente no sentido de fomentar uma ampla reforma parlamentar, que acabou sendo realizada por meio do Representation of the People Act 1832 [Lei de Reforma de 1832].

CAPÍTULO VI

A era das reformas

✦ • ✦

Na América, a primeira metade do século XIX viu um crescimento acentuado nos movimentos e ideias antiescravistas. Muitos abolicionistas também apoiaram a igualdade de direitos e a participação política para as mulheres, entendendo que o gênero, da mesma forma que a raça, não deveria ser uma justificativa para tratar as pessoas de forma desigual. Muitos apelaram para os princípios religiosos, outros para o direito natural ou os princípios liberais sobre os quais os Estados Unidos foram fundados. Alguns abolicionistas, no entanto, viam os direitos das mulheres como uma questão radical e controversa que poderia envenenar a causa antiescravagista. No caso, a escravidão foi abolida nos EUA em 1865, mas as mulheres tiveram que esperar até 1920 para ter o seu direito ao voto reconhecido constitucionalmente.

Na Grã-Bretanha, um julgamento histórico de 1772 decidiu que a escravidão era ilegal. Em 1808, o Parlamento havia proibido o comércio internacional de escravos, e havia um movimento crescente para proibir a escravidão também nas possessões britânicas, o que ocorreu por meio do Slavery Abolition Act 1833 [Lei de Abolição da Escravidão de 1833].

As ideias econômicas liberais também estavam desafiando a velha ordem. Na França pós-revolucionária, a maior mobilidade social fez com que alguns pensadores como Frédéric Bastiat se perguntassem por que os monopólios e o protecionismo deveriam continuar. Na Grã-Bretanha que estava em uma fase de rápida industrialização, Richard Cobden e John Bright argumentaram da mesma forma que o protecionismo agrícola não servia mais ao interesse público, mas acabava minando o setor. As novas ferrovias permitiram que essas campanhas reformistas ganhassem escopo nacional. Com todas as profundas mudanças na sociedade trazidas pela Revolução Industrial, era hora de um debate nacional e internacional sobre o papel do Estado.

[51] William Ellery Channing **(1780-1842)**: pregador unitarista americano, teólogo, abolicionista e reformador social.

Ideias-chave: igualdade de gênero; direito à vida; abolição da escravatura.

Obra-chave: *Slavery* (1835) [*Escravidão*].

Channing foi um dos pioneiros do movimento das mulheres, trazendo a público o primeiro caso de luta pela igualdade de gênero. Ele se baseou em grande parte em princípios religiosos, dizendo que a universalidade da alma mostrava que homens e mulheres eram iguais aos olhos de Deus, mas que "instinto, interesse e força" impediram que isso se refletisse na sociedade.

Channing também participou ativamente da causa antiescravagista por meio de seus livros e sermões. Pela natureza dos direitos de propriedade, argumentou ele, os seres humanos não podem ser propriedade de outros seres humanos. Embora ele ainda acreditasse que os africanos não poderiam sobreviver à emancipação sem supervisão, a abolição pacífica da escravidão no Caribe pela Grã-Bretanha o convenceu a apoiar a emancipação imediata também nos EUA.

[52] Sarah Grimké **(1792-1873)** e *[53] Angelina Grimké* **(1805-1879)**: Sarah era abolicionista americana e líder do movimento sufragista feminino e Angelina abolicionista e sufragista americana.

Ideias-chave: abolicionismo e direitos das mulheres.

Obras-chave: *The equality of the sexes and the condition of women* (Sarah, 1839) [*A igualdade dos sexos e a condição das mulheres*]; *An appeal to the christian women of the South* (Angelina, 1836) [*Um apelo às mulheres cristãs do Sul*].

Sarah Grimké foi uma proeminente abolicionista americana que veio a liderar o movimento sufragista feminino. Nascida em uma família de proprietários de escravos na Carolina do Sul, ela (ilicitamente) ajudou a alfabetizar diversos escravos. Após mudar-se para a Filadélfia, ela se tornou uma *quaker*, mas juntamente com sua irmã Angelina entraram em conflito com a liderança daquela comunidade por escrever cartas aos jornais e ao clero sob a condição das mulheres. O livro de Sarah de 1839, *The equality of the sexes and the condition of women*, circulou amplamente. Nele, ela argumentou que a emancipação feminina não era diferente da causa antiescravagista: as mulheres também eram agentes morais racionais, com direitos e responsabilidades. Alguns abolicionistas, no entanto, viram o feminismo radical das irmãs Grimké como uma distração inútil.

Angelina também foi uma proeminente abolicionista e ativista dos direitos das mulheres. Seguindo Hugo Grotius, ela argumentou que "todo dono de escravos é um ladrão de homens" porque "um homem é um homem e, como homem, tem direitos inalienáveis, entre os quais o direito à liberdade pessoal". Os proprietários de escravos roubaram esse direito a dois milhões de pessoas. A pessoa que primeiro captura um escravo, ela disse, comete um ato de roubo; mas o proprietário de escravos "perpetua o mesmo crime".

[54] Frédéric Bastiat (1801-1850): economista político francês e livre comércio.

Ideias-chave: contra o protecionismo; livre comércio e investimento; custo de oportunidade.

Obras-chave: *Sophismes économiques* (1845) [*Sofismas econômicos*]; *L'État* (1848) [*O Estado*]; *La loi* (1850) [*A lei*].

Órfão de ambos os lados aos dez anos de idade, Bastiat foi criado por parentes e trabalhou na empresa de exportação de seu tio, onde aprendeu sobre o impacto dos impostos e da regulamentação no comércio. Seu tio morreu quando Frédéric tinha 24 anos e deixou-lhe as propriedades familiares, o que lhe permitiu satisfazer suas atividades intelectuais em filosofia, história, política e economia política. Tornou-se politicamente ativo como juiz de paz e mais tarde membro liberal da Assembleia Nacional após a Revolução de 1848.

No entanto, é como um brilhante comentarista e panfletário político-econômico que ele é mais lembrado. Seus escritos eram principalmente ensaios e sátiras populares, alguns reunidos em sua obra *Sofismas econômicos* (1845), na qual ele destruiu a regulamentação e o protecionismo e demonstrou os benefícios do livre mercado. Seus ensaios se tornaram *best-sellers* graças à sua sagacidade rigorosa e argumentação penetrante – muitas vezes baseada no exagero e no *reductio ad absurdum* –, por meio das quais as políticas protecionistas eram levadas à sua conclusão lógica, embora claramente ridícula.

Um exemplo famoso foi *The petition of the candle-makers* (1846), uma paródia em que uma associação comercial de fabricantes de velas e produtores de sebo peticiona à Câmara dos Deputados para protegê-los contra a concorrência desleal. Eles argumentam que a regulamentação é necessária para fazer as pessoas fecharem as cortinas ao longo do dia para que usem mais velas, impulsionando sua indústria e o emprego que ela gera. Em outra parábola, ele advertiu que a construção de uma ferrovia entre a França e a Espanha estimularia o movimento de mercadorias entre eles – mas que os produtores de ambos os lados certamente exigiriam tarifas para salvar suas indústrias das importações baratas, deixando os consumidores em uma situação pior.

Seu famoso artigo *O que se vê e o que não se vê* (1850) contém a "parábola da janela quebrada" – uma forma inicial do conceito de custo de oportunidade, desenvolvido pelo economista austríaco Friedrich von Wieser (1851-1926) em 1914, que agora é amplamente aceito como um padrão no campo das ciências econômicas. Se um menino descuidado quebrasse a vitrine de uma loja, disse Bastiat, isso geraria seis francos de trabalho para o vidraceiro – que agora teria mais seis francos para gastar na economia local, impulsionando também outros negócios locais. No entanto, o que se vê não significa que devemos promover deliberadamente a quebra de janelas como uma forma de gerar crescimento econômico (embora esse mesmo princípio, infelizmente, regule a maior parte de nossas instituições econômicas). Pois o que não se vê é que o lojista passará agora a ter seis francos a menos para gastar na economia local, anulando completamente o ganho.

O que impulsionava o crescimento econômico, pensou Bastiat, era o livre mercado e o livre comércio. Ele se tornou um líder da Associação de Livre Comércio da França e se correspondeu com Richard Cobden. Bastiat argumentou que o livre comércio geraria receitas que poderiam ser investidas tanto em capital quanto em trabalho – aumentando ainda mais a eficiência econômica e beneficiando a população trabalhadora.

Em *L'État* (1848), Bastiat criticou o Estado como "a grande ficção pela qual todos procuram viver à custa de todos", e em *La loi* (1850), delineou um sistema jurídico que, segundo ele, serviria para regular uma sociedade livre. Os indivíduos, argumentou, tinham o direito de se proteger, bem como a sua liberdade e propriedade – direitos que existiam antes de leis e governos. O objetivo do Estado era apenas fornecer uma "força comum" para proteger esses direitos.

Logo, o Estado não tinha o direito de tirar dinheiro e propriedade de algumas pessoas para o benefício de outras – isso seria uma "pilhagem legalizada". Um governo que tentasse fazer mais do que meramente proteger nossos direitos, isto é, gastar com obras filantrópicas, por exemplo, não teria um limite racional para suas ações. Dada a inércia do eleitorado, o poder da lei e a suposta infalibilidade dos legisladores democráticos, o resultado final seria o estatismo, com o público moldado à vontade de seus governantes "como o barro na mão do oleiro".

Bastiat morreu de tuberculose aos 49 anos, no momento mais produtivo intelectualmente de sua vida.

[55] *Harriet Martineau* (1802-1876): teórica social inglesa e economista política.

Ideias-chave: feminismo liberal; ilustrações fictícias de economistas liberais.

Obra-chave: *Illustrations of political economy* (1832-34). *Em português: Ilustrações de economia política.*

Harriet Martineau é lembrada por sua grande produção de livros e ensaios sobre temas políticos, econômicos e sociológicos liberais. Seu ponto de vista feminino era raro entre os escritores contemporâneos, e suas obras fizeram muito para mudar as atitudes em relação às mulheres e à educação das meninas. Ela traduziu (e sem dúvida melhorou) o trabalho do sociólogo Auguste Comte (1798-1857), e é frequentemente considerada a primeira socióloga.

O fracasso do negócio têxtil de seu pai a levou a se tornar uma escritora em tempo integral. Excepcionalmente para uma mulher na época, ela conseguiu se sustentar através de sua escrita – seus livros se tornaram muitas vezes mais populares do que os do romancista e ativista Charles Dickens (1812-1870).

A sua série *Illustrations of political economy* começou em 1832 com um tratamento ficcional das ideias de Adam Smith. Logo alcançou sucesso e aclamação, e ajudou a popularizar Smith internacionalmente. Ela seguiu isso com outras ilustrações fictícias de James Mill, Jeremy Bentham e

David Ricardo. Esses trabalhos trouxeram as mulheres da época para o mundo da economia, mostrando como a economia doméstica reflete temas econômicos mais amplos.

Em uma longa visita aos Estados Unidos, Martineau conheceu James Madison e muitos dos principais abolicionistas da Nova Inglaterra. Ela estudou e escreveu sobre a educação das meninas, reclamando como as normas da época deixavam as meninas subeducadas, passivas e subservientes aos homens.

Como socióloga, estudou famílias, religião e raça. Ela defendeu que a sociedade era moldada por leis sociais gerais e que, para entendê-la, é preciso levar em conta temas amplos como ciência, população e instituições religiosas e sociais, incluindo o papel da mulher.

[56] Richard Cobden (1804-1865) e *[57] John Bright (1811-1889)*: Cobden é industrial e político inglês; e Bright reformador e político inglês.

Ideias-chave: benefícios do livre comércio para a criação de riqueza; ataque ao protecionismo; liberalismo de Manchester; revogação das Leis dos Cereais.

Obras-chave: *England, Ireland and America, by a Manchester manufacturer* (Cobden, 1835) [*Inglaterra, Irlanda e América, por um fabricante de Manchester*]; *Speeches on Parliamentary Reform* (Bright, 1866) [*Discursos sobre a Reforma Parlamentar*].

Richard Cobden enriqueceu com sua participação em uma empresa de impressão em tecido calicô em Manchester, o centro mundial da produção têxtil. Suas viagens internacionais e sua leitura de Adam Smith o convenceram dos benefícios do livre comércio.

Em 1838, Cobden fundou a *Anti-Corn Law League* [Liga contra a Lei dos Cereais] junto com John Bright, que se tornou a principal voz do movimento em defesa do livre comércio. As Leis dos Cereais consistiam em altas tarifas sobre o trigo importado, introduzidas ostensivamente para proteger a agricultura britânica. Elas aumentavam o preço do pão, mas eram defendidas por proprietários de terras poderosos, cujos aluguéis as tarifas ajudam a subir. A Liga tornou-se uma grande força de campanha pela reforma, produzindo panfletos e realizando comícios em todo o país.

Cobden argumentou que acabar com a proteção agrícola não apenas aliviaria a pobreza nas áreas rurais, mas tornaria a agricultura mais eficiente e aumentaria a demanda por manufaturas, tanto dos agricultores quanto da população rural em melhor situação em geral. Também impulsionaria o comércio com outros países e, assim, ajudaria a criar paz e entendimento entre as nações.

A abordagem de Cobden e Bright ficou conhecida como *Manchester Liberalism* [Liberalismo de Manchester]. Na década de 1840, os dois entraram no Parlamento, onde Bright se tornou um formidável defensor das reformas, apoiando-se nos argumentos de Cobden. Em 1846, após uma colheita ruim e uma praga na cultura da batata, os esforços de ambos os parlamentares foram bem-sucedidos e as Leis dos Cereais foram revogadas.

[58] Alexis de Tocqueville (1805-1859): pensador político francês.

Ideias-chave: reformas constitucionais, governo bicameral; necessidade de limites à democracia majoritária.

Obra-chave: *De la démocratie en Amérique* (1835 e 1840) [*Da Democracia na América*].

Tocqueville é mais conhecido por seus dois volumes em *Democracia na América* (1835 e 1840), escritos com base em suas observações enquanto viajava pelos Estados Unidos. Sua obra foi um dos primeiros trabalhos de sociologia e ciência política a explorar os pontos fortes e fracos da política americana, em particular a tensão entre liberdade e igualdade. Suas reflexões serviram para nortear a reestruturação democrática da França pós-revolucionária.

Tocqueville nasceu em uma família aristocrática da Normandia, que fugiu para a Inglaterra durante a Revolução Francesa, mas retornou à França anos mais tarde. Embora seus pais permanecessem monarquistas, Alexis tornou-se um crítico ativo da monarquia constitucional que governou a França a partir de 1814. Após a Revolução de 1848, ele serviu brevemente no novo governo e trabalhou em uma nova constituição.

A sua formação aristocrática, combinada com suas visões liberais, refletiu na tensão que ele identificou entre elitismo e populismo, e entre liberdade e igualdade. Embora defendesse o governo liberal e parlamentarista, ele achava que a democracia deveria ser contida para evitar a situação de uma "tirania da maioria" conforme definição cunhada por John Adams (1735-1826). Para reduzir essa ameaça, ele propôs por um parlamento bicameral e um presidente eleito por voto popular. De maneira mais geral, ele buscou a diversidade nos sistemas políticos e a descentralização do poder.

Seu trabalho sobre a democracia americana começou quando ele conseguiu uma comissão para examinar o sistema prisional nos Estados Unidos – embora isso fosse principalmente um pretexto para estudar a sociedade e a política americanas. No mesmo espírito de investigação, ele também fez visitas à Inglaterra, Argélia e Irlanda.

Tocqueville procurou aprender não apenas acerca das potenciais ameaças à democracia, mas as ameaças advindas dela própria. Embora admirasse a autoconfiança que a igualdade democrática trouxera aos americanos, ele temia que o declínio das velhas hierarquias sociais deixasse a democracia sem freios. A única autoridade, moral ou política, em uma sociedade onde a opinião de todos (mesmo que mal-informada) tem o mesmo peso, seria a maioria. Nesse cenário puramente majoritário, os indivíduos em minoria seriam incapazes de enfrentar a maioria ou mesmo de defender seus direitos contra ela.

Essa sobreposição da maioria ao indivíduo tornou-se mais provável, pensou Tocqueville, porque a igualdade democrática encorajava o materialismo da classe média em expansão e um "individualismo" em que as pessoas pensavam mais sobre si mesmas e menos sobre a saúde em geral da sociedade. A democracia, portanto, acabaria num populismo irrefletido. Esse despotismo majoritário sufocaria a inovação e a liberdade de expressão.

Tocqueville sentiu que a América também possuía um direcionamento excessivo para a busca da igualdade, ao mesmo tempo que o seu compromisso com a liberdade fosse, para dizer o mínimo, insuficiente. Os Estados Unidos precisavam de um novo tipo de ciência política que injetasse valores sociais na democracia. As pessoas deveriam ser livres para buscar seu próprio interesse, mas um interesse próprio "corretamente entendido" – moderado por valores sociais, previsibilidade e autocontrole.

Outra restrição ao populismo desenfreado era a sociedade civil, que Tocqueville identificou como sendo forte na América. Ele ficou impressionado com a forma como os americanos estavam constantemente formando associações para "proporcionar entretenimento, fundar seminários, construir albergues, igrejas, difundir literatura e enviar missionários aos outros povos. Dessa forma, foram fundados hospitais, prisões e escolas".

Ele acreditava que a estrutura constitucional dos Estados Unidos, com seu judiciário independente, tomada de decisão descentralizada, governo bicameral e presidente eleito pelo povo, era uma boa base para uma constituição democrática na França, mas (talvez refletindo suas raízes aristocráticas), ele sentiu que muito poder tinha sido investido no legislativo, onde o curto ciclo eleitoral produziu legisladores medíocres. A França deveria almejar um executivo mais forte, pensou ele, mas igualmente importantes eram a liberdade de associação, de religião e de imprensa.

[59] **William Lloyd Garrison (1805-1879)**: abolicionista e jornalista americano.

Ideias-chave: abolição da escravatura; direitos das mulheres; resistência passiva.

Obra-chave: *The liberator* (1831-1865) [*O libertador*].

William Lloyd Garrison era apenas uma criança quando seu pai, um marinheiro mercante, abandonou sua família, deixando sua devota mãe de fé batista lutando para cuidar da família. Aos 13 anos, após alguns empreendimentos malsucedidos, foi aprendiz do editor do *Newburyport Herald*, onde aprendeu a administrar um jornal.

Aos vinte anos, William fez um empréstimo para abrir o seu próprio jornal, que batizou de *Newburyport Free Press*, mas seu empreendimento acabou fracassando por causa de divergências editoriais com os apoiadores de seu trabalho.

Anos mais tarde, Garrison mudou-se para Boston, onde passou a trabalhar como impressor e editor de um jornal de linha reformista, que apoiava o movimento de temperança (um movimento social contra o consumo de bebidas alcoólicas); foi lá onde conheceu o autor da obra *Genius of emancipation*, Benjamin Lundy (1789-1839), que o trouxe para a causa abolicionista. Garrison ajudou a fundar a *New England Antislavery Society* [Sociedade Antiescravidão da Nova Inglaterra] e iniciou o *The Liberator*, que se tornaria o principal jornal abolicionista. Garrison argumentou que a escravidão violava o direito de todos os indivíduos serem livres. Ele inicialmente defendeu a realocação de escravos americanos na África Ocidental, mas abandonou essa ideia porque alguns proponentes a viam como uma maneira de remover os negros livres.

Seu apelo para que as mulheres fizessem uma petição contra a escravidão provocou um debate sobre os direitos políticos das mulheres. O *The Liberator* publicou os artigos das irmãs Grimké e tornou-se o principal defensor da emancipação. Isso, somado ao anticonstitucionalismo de Garrison e a posição de Frederick Douglass, que acreditava que a Constituição dos Estados Unidos apoiava inerentemente a escravidão e que a União deveria ser dissolvida – dividiu o movimento abolicionista. Alguns temiam que essas causas estivessem confundindo a mensagem abolicionista. As divisões foram ainda mais aprofundadas pela rejeição de Garrison à ação direta e à violência.

Embora pacifista, Garrison era radical e franco:

> Estou ciente de que muitos se opõem à severidade de minha linguagem; mas não há motivo para severidade? Serei duro como a verdade e intransigente como a justiça... E serei ouvido.

Na verdade, ele era tão franco que o estado escravocrata da Geórgia colocou um preço por sua cabeça. Em 1835, uma multidão de milhares de pessoas cercou um prédio de Boston onde ele estava falando e o arrastou pelas ruas por uma corda, antes que as autoridades interviessem.

Depois que a escravidão foi abolida, o movimento antiescravagista foi novamente dividido quando Garrison argumentou que seu propósito havia acabado. Ele se retirou, mas permaneceu envolvido em outros movimentos de reforma, como direitos civis e sufrágio feminino. Na Europa, ele conheceu John Bright, John Stuart Mill, Herbert Spencer e outros liberais. Ele argumentou contra Karl Marx (1818-1883), dizendo que o comércio trazia benefícios mútuos a todas as classes e defendeu a abolição de todas as restrições ao livre comércio.

[60] John Stuart Mill **(1806-1873)**: filósofo e reformador inglês.

Ideias-chave: escolha e responsabilidade; tirania da maioria; o princípio da não agressão; problemas do paternalismo; liberdade de expressão; livre associação; liberdade de estilo de vida; governo representativo; federalismo; utilitarismo.

Obras-chave: *On liberty* (1859) [*A liberdade*]; *Considerations on representative government* (1861) [*Considerações sobre o governo representativo*]; *Utilitarianism* (1863) [*Utilitarismo*].

John Stuart Mill foi educado em casa por seu pai James Mill, com o apoio de Jeremy Bentham. Sua educação foi intensa: aos três anos aprendeu grego; aos oito, latim; aos dez já podia ler todos os autores clássicos; aos doze, estudava lógica e economia política e aos quatorze anos estava fazendo cursos de ciências e matemática. No entanto, esse aprendizado acelerado teve seu preço, quando aos vinte anos ele sofreu um colapso nervoso, fato que o levou, anos depois, a relacionar esse episódio com a falta de ter tido uma infância de verdade. Embora tenha sido educado e treinado com base nos princípios do empirismo, utilitarismo e do racionalismo, sem nunca ser exposto à religião ou outras ideias tidas como "irracionais", na vida adulta Mill passou a valorizar a diversidade humana, espontaneidade, individualidade, originalidade e singularidade acima da racionalidade. Como Wilhelm von Humboldt, ele enfatizou a importância do desenvolvimento pessoal e moral do ser humano, e viu a liberdade como essencial para isso. Ele acreditava que as pessoas nunca aprenderiam e se desenvolveriam a menos que fossem responsáveis por suas próprias ações. Os seres humanos eram definidos por sua capacidade de fazer escolhas – sobre seu estilo de vida, por exemplo – então, para exercer adequadamente sua humanidade, eles precisavam de uma variedade de opções para escolher. Foi a diversidade da Europa, argumentou ele, que lhe deu seu "desenvolvimento progressivo e multifacetado".

Isaiah Berlin classificou a obra *On liberty* (1859) de Mill como "a exposição mais clara, mais sincera, persuasiva e comovente do ponto de vista daqueles que desejam uma sociedade aberta e tolerante". Mill começou advertindo (tal qual Tocqueville) que, enquanto as velhas ameaças à liberdade eram a monarquia absoluta e a aristocracia, a nova ameaça era a tirania da maioria. A maioria não apenas dominou a tomada de decisões políticas, mas também moldou a cultura, transformando as pessoas em "ovelhas trabalhadoras" sem opiniões próprias. Mill definiu a liberdade logo no início do livro e, segundo ele, os indivíduos devem ser livres para fazer o que quiserem, desde que não prejudiquem os outros. Famílias, grupos e governos estavam sujeitos à mesma regra de não violência:

> O único motivo pelo qual os seres humanos têm direito, seja individual ou coletivamente, de interferir na liberdade de ação de seus semelhantes, é em virtude da autoproteção. O único propósito pelo qual o poder pode ser legitimamente exercido sobre qualquer membro de uma comunidade civilizada, contra sua vontade, é evitar danos a outros.

Dano, para Mill, significava dano físico, não mera ofensa. Segundo ele, o dano físico é fácil de constatar, mas a ofensa, não, logo, a regra poderia ser abusada, a menos que essa linha fosse traçada de maneira absolutamente estrita. Ele também rejeitou o paternalismo, ou seja, a ideia de interferir na liberdade de alguém "para seu próprio bem", por várias razões: primeiro, era muito fácil abusar do poder do Estado com base nesse suposto altruísmo; mesmo governantes bem-intencionados podem confundir o que é realmente bom para os cidadãos. Em segundo lugar, Mill acreditava que para serem seres humanos completos, não meros fantoches, as pessoas deveriam fazer suas próprias escolhas e assumir a responsabilidade por elas.

O princípio da não violência também se aplicaria ao risco de causar danos físicos – como (no famoso exemplo de Mill) gritando "Fogo!" em um teatro lotado. Poderia até se estender a permitir que as pessoas se machucassem, se isso fosse fácil de evitar – salvar uma criança se afogando em um lago, por exemplo. No entanto, Mill não especificou exatamente onde estavam os limites, ou seja, quanto risco era aceitável antes de intervirmos, ou quanto esforço devemos fazer para evitar que danos aconteçam a outros.

Ele acreditava que o princípio da não agressão protegia nossos direitos básicos à vida, personalidade e propriedade. Ele defendeu a liberdade de associação e a liberdade de gosto, atividades e planos de vida. Ele também defendeu apaixonadamente a liberdade de expressão, argumentando que o discurso aberto era essencial para nosso progresso intelectual e social. Era perigoso censurar ou impedir a liberdade de expressão, pois a opinião censurada poderia ser verdadeira ou até mesmo falsa, mas ainda conter alguma parte da verdade; seu desafio às nossas opiniões recebidas nos forçaria a garantir que nossas opiniões sejam robustas; e as opiniões que não forem contestadas se tornariam mero dogma, sem poder moral ou intelectual.

Em *Considerations on representative government* (1861), Mill delineou seu apoio à democracia limitada e representativa. A democracia direta era impraticável para uma comunidade grande e sofisticada, assim, para ele:

> a democracia representativa permitia que questões políticas fossem debatidas em detalhes, mas ainda deixava os cidadãos envolvidos no processo político, o que era importante para desenvolver sua capacidade moral.

Tal democracia, pensava ele, deveria ter um sistema federal para que as questões locais pudessem ser decididas localmente, mas era necessária alguma contenção central para garantir que as minorias locais fossem protegidas contra os caprichos das maiorias locais, mesmo assim, o papel fundamental do governo não era empoderar maiorias: era criar as condições que promovessem a diversidade e a livre escolha.

Mill pode ter sido atraído para essa abordagem por sua alma gêmea (e, mais tarde, esposa) Harriet Taylor, já que ele certamente compartilhava do feminismo que ela defendia. Em *The subjection of women* (1869), ele explicou por que as mulheres deveriam gozar de perfeita igualdade. Mill também desenvolveu o utilitarismo de seu mentor, Jeremy Bentham, pois ele duvidava que a felicidade pudesse ser facilmente medida e calculada, já que os humanos eram diversos e seus cálculos falíveis. Havia, pensava ele, prazeres "superiores" e "inferiores" que afetavam o cálculo: "É melhor ser Sócrates insatisfeito do que um porco satisfeito". Segundo ele, os prazeres mais altos deveriam ser preferidos, porque ninguém que tivesse experimentado ambos escolheria o prazer inferior. No entanto, mesmo tão modificado, o utilitarismo de Mill parece estar em desacordo com sua defesa dos direitos (que Bentham, mais consistentemente, descartou como "absurdo"). Afinal, até que ponto podemos violar os direitos individuais em nome da utilidade social ou da felicidade geral?

[61] Harriet Taylor Mill (1807-1858): feminista e reformadora inglesa.

Ideias-chave: educação feminina e sufrágio; copropriedade do trabalhador.

Obra-chave: *The enfranchisement of women* (1851) [*A emancipação das mulheres*].

Harriet Taylor destruiu a convenção segundo a qual as mulheres deveriam se conformar apenas em desempenhar os seus deveres domésticos, pois ela defendeu sua emancipação e independência. O domínio masculino em casa, ela insistia, fechou as oportunidades das mulheres para educação e desenvolvimento pessoal, e dado que o poder político (incluindo o voto) foi negado para as mulheres, as leis continuaram a ser feitas em benefício apenas dos homens.

Criada como uma cristã unitária, Harriet casou-se com John Taylor (1787-1849) quando ela tinha apenas 18 anos e ele já tinha 39. Foi uma união infeliz e, logo depois, ela iniciou um relacionamento (altamente escandaloso na época) com John Stuart Mill. Eles se casaram dois anos depois que John Taylor morreu.

Inicialmente, a obra *The enfranchisement of women* (1851), que consistia num apelo radical à igualdade política para as mulheres nas eleições, cargos políticos e direitos, foi atribuída a John Stuart Mill, embora ele tenha publicamente a reconhecido como autora. Ele também revelou sua autoria ou coautoria de vários artigos de jornal e um panfleto criticando a lei sobre violência contra mulheres e crianças. Um capítulo do livro *Principles of political economy* (1848), defendendo a educação universal e a copropriedade dos trabalhadores da indústria, também refletia os pontos de vista de sua esposa. Embora seja difícil avaliar quanta influência Harriet teve nos escritos de seu marido, ele a elogiou enormemente após sua morte, dizendo que quando duas pessoas têm opiniões tão semelhantes, "é de pouca importância [...] qual delas segura a caneta".

[62] Lysander Spooner (1808-1887): anarquista americano, abolicionista e teórico do direito.

Ideias-chave: desregulamentação e concorrência; vícios não são crimes; escravidão e a constituição; anarquismo.

Obra-chave: *The unconstitutionality of slavery* (1845) [*A inconstitucionalidade da escravidão*].

Spooner advogava em Massachusetts desafiando as leis estaduais que impunham longos estágios para aqueles que não eram graduados em direito. Ele reclamava que tais leis protegiam os advogados ricos e graduados da concorrência direta com os mais pobres, por isso, passou a argumentar contra todo tipo de licenciamento profissional, incluindo de advogados, médicos e outras profissões, pois via isso como uma negação do direito natural de contratar livremente. Além de advogar, ele chegou a fundar sua própria empresa de correio para fazer frente ao monopólio dos Correios dos Estados Unidos, mas no final o governo acabou eliminando a concorrência por meio de manobras jurídicas.

Spooner se opôs a todos os regulamentos que tornavam mais difícil para as pessoas iniciarem seus próprios negócios. As leis de usura, por exemplo, significavam que os credores não podiam cobrar taxas de juros mais altas para compensar o risco mais alto e falta de segurança envolvidos em empréstimos para um novo negócio. O resultado da lei foi basicamente um menor número de empresas inovadoras criadas, menos concorrência e a consolidação de apenas um grupo de poucos privilegiados a quem era garantido o direito de emprestar a juros.

Spooner negou o direito de qualquer governo de intervir nas ações pessoais de indivíduos, a menos que causasse danos genuínos a outros. Enquanto os crimes eram ações motivadas pela intenção de prejudicar a pessoa ou propriedade de outra pessoa, os vícios não implicavam tal malícia, e apenas o indivíduo atuante era (potencialmente) prejudicado. Como na lei "não pode haver crime sem intenção criminosa" e "ninguém jamais pratica um vício com intenção criminosa", a intervenção era injustificada. Na verdade, isso abriria a porta para a tirania:

> A menos que esta distinção clara entre vícios e crimes seja feita e reconhecida pelas leis, não pode haver na terra algo como direito individual, liberdade ou propriedade, não pode haver algo como o direito de um homem ao controle de sua própria pessoa e propriedade [...].

Além disso, as consequências no longo prazo da intervenção geralmente não são claras, tornando "difícil, em quase todos os casos, determinar onde termina a virtude e começa o vício". Só podemos determiná-lo em nós mesmos, e devemos deixar que os outros decidam o que promove sua felicidade ou infelicidade em longo prazo, pois como ser humano racional, a "liberdade e a busca da felicidade" lhe é negada.

Hoje, Spooner é mais lembrado por seu livro de 1845, *The unconstitutionality of slavery*. Muitos abolicionistas acreditavam que a Constituição dos Estados Unidos reconhecia legalmente a escravidão, e que apenas uma emenda ou uma nova união de estados não escravagistas poderia corrigir isso, mas Spooner argumentou que, o que quer que os fundadores tenham dito ao redigir o texto real, não endossava a escravidão. Portanto, cabia aos estados escravagistas se separarem e formar uma nova união. Assim, ele se opôs à Guerra Civil como uma tentativa centralista coercitiva de preservar a união existente, negando aos estados seu direito natural de derrubar um governo.

Tais ideias fortaleceram o anarquismo de Spooner. Em 1870, ele argumentou que a Constituição era um contrato que, logicamente, poderia vincular apenas aqueles que a assinassem e, portanto, não tinha força contemporânea. Desse modo, o governo usou a coerção para manter seu poder, contrariando a lei natural e o consentimento dos governados, a Constituição claramente não oferecia segurança contra a tirania. Ele também sustentou que os júris deveriam decidir não apenas sobre os argumentos apresentados no tribunal, mas sobre a legitimidade da lei e até mesmo se recusar a condenar alguém processado sob uma lei que considera injusta.

[63] Henry David Thoreau **(1817-1862)**: filósofo americano, abolicionista, opositor da tributação e anarquista.

Ideias-chave: desobediência civil; anarquismo; abolicionismo; injustiça do voto majoritário.

Obra-chave: *Civil disobedience* (1849) [*Desobediência civil*].

Thoreau nasceu em Concord, Massachusetts, onde seu pai tinha um negócio de fabricação de lápis (do qual ele participou) e sua mãe era uma reformadora abolicionista que abrigava escravos fugitivos, que fugiam para o Canadá. Ele estudou em Harvard e lecionou brevemente em uma escola, antes de aceitar um convite para ensinar os filhos do ensaísta e palestrante Ralph Waldo Emerson (1803-1882), que o inspirou com ideias radicais.

Seu primeiro amor, no entanto, foi o campo. Conforme descrito em seu livro *Walden* (1854), ele se retirou para uma vida autossuficiente no campo. Ele também queria "retirar-se e manter-se distante" de um governo cujos valores (particularmente sobre escravidão e guerra) ele desprezava, mas acabou preso por não pagar o *poll tax* [imposto de captação]. Embora tenha sido solto quando um amigo pagou o imposto por ele, esse episódio o inspirou a escrever o livro *Civil disobedience* (1849), no qual delineou um anarquismo robusto.

> Melhor é o governo que não governa", escreveu ele. "[A] autoridade do governo [...] deve ter a sanção e o consentimento dos governados. [...] Eu, Henry Thoreau, não desejo ser considerado membro de nenhuma sociedade constituída à qual não tenha me filiado.

Um governo legítimo deve ser capaz de tolerar aqueles que, como ele, recusaram fidelidade.

Os governos, escreveu ele, apenas criaram obstáculos à ação, ao comércio e ao progresso. Ele criticou o governo da maioria como baseado no poder, e não na justiça. Um Estado legítimo deve garantir os direitos dos indivíduos, não o poder da maioria. Leis injustas devem ser quebradas e até mesmo o pagamento de impostos implica conivência com as injustiças governamentais.

[64] Frederick Douglass **(1818-1895)**: abolicionista e reformador afro-americano.

Ideias-chave: abolicionismo; escolha e responsabilidade humana.

Obras-chave: *Narrative of the life of Frederick Douglass, an american slave* (1845) [*A Narrativa da vida de Frederick Douglass, um escravo americano; Minha escravidão e minha liberdade*]; *My bondage and my freedom* (1855) [*Minha escravidão e minha liberdade*]; *Life and times of Frederick Douglass* (1881) [*Vida e época de Frederick Douglass*].

Douglass nasceu na escravidão, mas escapou e foi para a cidade *quaker* da Filadélfia, onde se juntou a grupos abolicionistas se tornando um pregador e um proeminente orador abolicionista. Em meados de 1800, ele fez visitas à Grã-Bretanha e à Irlanda, defendendo a causa pela liberdade dos escravizados.

Embora principalmente um ativista, Douglass desenvolveu o argumento liberal de que a escravidão viola o princípio da responsabilidade humana, já que os indivíduos não podem ser considerados moralmente completos se dirigidos por outro. Ele também pressionou pelos direitos políticos das mulheres, argumentando que os governos estavam negando a si mesmos metade do poder intelectual da humanidade. Ele aceitou os princípios liberais de autopropriedade, o direito de dispor do próprio trabalho, governo limitado e independência. Douglass apoiava a ideia de propriedade privada e, de fato, entendia que fazer provisão para o futuro era um dever humano.

Embora William Lloyd Garrison tenha se tornado um amigo nos primeiros anos, Douglass achava que o anarquismo pacifista de Garrison era inadequado, dada a maneira como o Estado sancionou a escravidão – e como, mesmo após a abolição, as leis e instituições (como sindicatos) continuaram a praticar discriminação racial. Ele insistiu que o Estado deveria combater ativamente a desigualdade que havia criado, pedindo a restituição na forma de concessões de terras e uma adesão mais próxima à Constituição dos Estados Unidos. Sua visão era igualdade e liberdade: "Dê ao negro um jogo justo e deixe-o em paz".

[65] Gustave de Molinari (**1819-1912**): economista belga e defensor do livre mercado.

Ideias-chave: anarcocapitalismo; crítica do Estado, poder e privilégio; segurança privada.

Obras-chave: *De la production de la securité* (1849)]*Da produção de segurança*]; *Esquisse de l'organisation politique et économique de la société future* (1899) [*Esboço da organização política e econômica da sociedade futura*].

De acordo com Murray Rothbard, Molinari foi o primeiro defensor do anarcocapitalismo, ou seja, liberdade econômica sem governo. Admirador de Frédéric Bastiat, nascido na Bélgica, tornou-se o principal defensor do *laissez-faire* na França do século XIX. Ao longo de uma longa vida como jornalista e economista, ele promoveu as ideias de livre comércio, Estado mínimo, paz, abolicionismo e alertou contra o protecionismo, o imperialismo e o militarismo.

Um individualista inveterado, ele rejeitava até o monopólio estatal da segurança que John Locke e outros liberais clássicos consideravam necessário. Desafiando o mito de que o governo surge naturalmente para proteção mútua, ele duvidava dessa necessidade natural. Pelo contrário, pensava ele, se as pessoas e suas propriedades fossem ameaçadas por outras, elas simplesmente contratariam agentes especializados para defendê-las. Afinal, isso é o que todos fariam em qualquer outra situação envolvendo qualquer outro bem ou serviço. Logo, por que a segurança ou outros serviços públicos deveriam ser diferentes?

O monopólio, explicou Molinari, baseia-se na força. As pessoas não pagarão os preços estabelecidos por um monopólio a menos que sejam forçadas a isso. Um monopólio privado pode ser substituído por um monopólio coletivo, mas isso ainda dependeria da força. Para Molinari, o monopólio mais pernicioso é o da segurança, pois aqueles que fornecem segurança já possuem o poder coercitivo de expandi-la e usá-la para fazer valer seus interesses sobre os outros. É por isso que um monopólio estatal da força não suprime a guerra, mas a promove.

As pessoas podem até ter assegurado algum controle parlamentar sobre o uso da força, mas continua sendo um monopólio sustentado pela coerção. A pilhagem constitucional ainda é pilhagem, fato que mina a fé das pessoas em seus governantes e em seu direito de governar. Mas os arranjos sociais também podem surgir por meio da utilidade, e não do terror. As pessoas que precisam de proteção farão negócios com aqueles que podem fornecê-la e obterão os benefícios da eficiência e da relação custo-benefício. Tais ideias acabaram por influenciar, em larga medida, David Friedman.

[66] Herbert Spencer (1820-1903): sociólogo e polímata inglês.

Ideias-chave: liberdade e progresso; evolução de sociedades harmoniosas; direitos políticos; sufrágio universal; não cooperação com maus governos.

Obras-chave: *Social statics* (1851) [*Estatística social*]; *The man versus the State* (1884) [*O indivíduo contra o Estado*].

Educado em casa, Spencer trabalhou como engenheiro civil ferroviário antes de ingressar na *The Economist*. Ele compartilhava do posicionamento favorável da revista ao livre comércio, *laissez-faire* e governo limitado, mas seus interesses se voltaram para a psicologia social humana. Ele chegou a especular sobre uma teoria da evolução alguns anos antes de Charles Darwin (1809-1882) publicar *On the origin of species* (1859). No entanto, ao contrário de Darwin, ele não entendeu o princípio da seleção natural, acreditando que as características adquiridas eram transmitidas (um erro agora conhecido como lamarckismo). Ele também estendeu a teoria evolutiva à psicologia e à cultura; e onde Darwin via a evolução como um processo contínuo sem objetivo final, Spencer imaginou nosso progresso evolutivo em direção ao "homem perfeito na sociedade perfeita". As sociedades humanas, ele sugeriu, evoluíram de simples, hierárquicas e guerreiras para complexas, cooperativas e industriais. Como resultado, os seres humanos individuais estavam evoluindo para criaturas menos agressivas.

Foi Spencer, não Darwin, quem cunhou a expressão "sobrevivência do mais apto". Isso o levou a ser rotulado como um "darwinista social" – uma impressão reforçada por outras observações radicais, como: "O efeito final de proteger os homens dos efeitos da loucura é encher o mundo de tolos". Mas embora fosse um evolucionista social, Spencer se distanciou do darwinismo social, apontando que o "mais apto" não era necessariamente o "melhor".

Spencer era, para todos os fins, um verdadeiro utilitarista liberal. A evolução, ele explicou em *The principles of ethics* (1879-1893), promove traços de caráter úteis, como a cooperação. Isso beneficia a sobrevivência e o bem-estar do grupo – e, portanto, a sobrevivência e o bem-estar dos indivíduos dentro dele. Como John Stuart Mill, ele acreditava que as sociedades livres progrediriam mais rapidamente do que outras, pois ao permitir que as pessoas experimentassem, elas dariam mais material de trabalho para a evolução. A liberdade individual também foi associada às ideias de igualdade moral, justiça e ao direito à vida e à liberdade, o que novamente contribuiu para essa evolução bem-sucedida e, portanto, para a felicidade geral. Essas ideias se arraigam nos indivíduos e na sociedade, dando origem a instituições socialmente positivas, por exemplo, um sistema judiciário liberal. Assim, segundo ele, as sociedades que abraçam essas ideias e instituições são as que florescem.

Para Spencer, portanto, a utilidade era uma ideia profundamente liberal, não conflituosa com os direitos individuais, mas baseada neles. Em *The man versus the State* (1884), ele defendeu vigorosamente os direitos como sendo a melhor defesa contra o socialismo. Por sermos moralmente imperfeitos, explicava ele, precisamos que o governo defenda nossos direitos morais contra a violação de outros, mas, da mesma forma, precisamos de direitos políticos para garantir que o próprio governo não viole nossos direitos morais. Isso é crucial, pois o impulso de interferir na vida dos outros é forte: "Embora não tenhamos mais a pretensão de coagir os homens para seu bem espiritual, ainda nos consideramos chamados a coagi-los para seu bem material, não vendo que um é tão inútil e injustificável quanto o outro".

Spencer considerou vários direitos políticos que poderiam limitar o Estado. Em *Social statics* (1851), ele defendeu o sufrágio universal como um direito político essencial, embora posteriormente em *Principles of ethics* (1879) ele tenha desistido de sua defesa, pois acreditava que encorajava o "excesso de legislação". Outro direito que ele originalmente via como fundamental era a liberdade de cortar nossa conexão com o Estado – recusar-se a pagar a ele e, em troca, não receber seus benefícios; mas, mais tarde, ele concluiu que essa ideia era impraticável. Em *Social statics* (1851) ele defendia que a propriedade privada da terra era incompatível com o princípio de igual liberdade, uma vez que negava à maioria das pessoas um recurso essencial, mas apesar disso, em *Principles of ethics* ele mais uma vez abandonou essa ideia.

Embora Spencer estivesse preparado para alterar suas ideias com base na experiência, ele permaneceu fiel ao seu princípio fundamental: que "a liberdade de cada um, limitada pela liberdade de todos, é a regra em conformidade com a qual a sociedade deve ser organizada".

[67] John Elliott Cairnes **(1823-1875)**: economista político irlandês.

Ideias-chave: método econômico; competição imperfeita; problemas econômicos da escravidão.

Obras-chave: *The character and logical method of political economy* (1857) [*O caráter e o método lógico da economia política*]; *The slave power* (1862) [*O poder escravo*].

Filho de um cervejeiro irlandês, mas que desde cedo demonstrava inclinações acadêmicas, Cairnes ingressou no Trinity College Dublin onde estudou direito e foi admitido na Ordem dos Advogados, embora nunca tenha de fato exercido a profissão devido ao seu interesse preponderante em questões econômicas. Graças a um amigo importante, conseguiu a Cátedra de Economia Política.

Suas aulas foram publicadas com o título de *The character and logical method of political economy* (1857), e foi considerado o livro mais importante sobre economia política desde *Principles of political economy* (1848), de John Stuart Mill (de quem foi discípulo), pois estabeleceu definitivamente o escopo e o método da economia clássica.

Segundo Cairnes, a economia política era uma ciência e, por isso, era neutra em relação aos sistemas sociais e aos fatos. No entanto, os economistas não poderiam realizar experiências com seu objeto de estudo, da mesma forma como os cientistas das ciências naturais realizavam, então a economia nunca poderia ser matematizada. Em vez disso, ela deveria ser dedutiva, extraindo princípios de fatos estabelecidos.

Habilidoso com os fatos, seu estudo sobre a produção de ouro na Austrália e na Califórnia o levou a reviver a teoria quantitativa da moeda, naquela que foi a análise monetária mais importante de seu século (Milton Friedman reviveria a teoria cem anos depois). Da mesma forma, a análise factual da escravidão de Cairnes o levou a destacar suas desvantagens: a escravidão desencorajava a inovação tecnológica, sobrecarregava o solo, sufocava os empreendimentos e, em última análise, era inviável. Seu livro, *The slave power* (1862), foi responsável por colocar a opinião pública britânica contra os Estados Confederados da América.

Em outro trabalho, Cairnes demonstrou como, por causa do sistema de classes, o trabalho não era muito flexível. O modelo de "concorrência perfeita", portanto, não se aplicava, uma vez que a sociedade parecia consistir mais numa variedade de grupos industriais não concorrentes. Essas ideias estimularam a moderna discussão sobre competição imperfeita.

[68] *Edward Atkinson* (1827-1905): ativista americano anti-imperialista.

Ideias-chave: abolicionismo; anti-imperialismo; livre comércio.

Obra-chave: *Taxation and work* (1892) [*Tributação e trabalho*].

Forçado a desistir da faculdade por falta de recursos, Atkinson tornou-se um empresário de sucesso nos ramos de seguros e manufatura de algodão. Ele também inventou o Aladdin Cooker, uma espécie de fogão mais moderno para a sua época, e tornou-se membro da Academia

Americana de Artes e Ciências. Ele é lembrado por combinar as ideias liberais de anti-imperialismo, abolicionismo e livre mercado – ideias que ele defendia por meio de seu ativismo e de uma vasta produção de artigos e panfletos sobre temas políticos e econômicos liberais, incluindo bancos, livre comércio, concorrência, regulamentação e os malefícios do papel-moeda.

Chocado com as políticas expansionistas, imperialistas e colonialistas dos presidentes dos EUA William McKinley (1843-1901) e Theodore Roosevelt (1858-1919) após a Guerra Hispano-Americana, Atkinson ajudou a fundar a *American Anti-Imperialist League* [Liga Anti-Imperialista Americana] e tornou-se seu principal ativista e panfletário, famoso por enviar seus manifestos anti-imperialistas aos generais que comandavam as tropas americanas no exterior.

Ele apoiou um movimento para ajudar escravizados fugitivos e arrecadou dinheiro para apoiar a insurreição armada do abolicionista John Brown (1800-1859). Sua morte se deu em decorrência de "um ataque de indigestão, que afetou o coração".

[69] Josephine Butler **(1828-1906)**: reformadora social inglesa e sufragista.

Ideias-chave: feminismo liberal; emancipação; reforma das leis de prostituição.

Obra-chave: *The education and employment of women* (1868) [*A educação e o emprego das mulheres*].

Como reformadora social, Josephine Butler ajudou a melhorar a educação feminina e a saúde pública. Ela fez do feminismo liberal uma força poderosa, confrontando os formuladores de políticas públicas e trazendo questões sociais difíceis para o debate público. Como ativista, ela desenvolveu novas abordagens para a ação política que daria força ao movimento sufragista feminino posterior. Sua produção escrita inclui cerca de noventa livros e panfletos.

Butler era filha de um abolicionista e reformador social primo do primeiro-ministro Earl Gray (1764-1845). Quando se casou, o trabalho do marido como professor da igreja a levou para Liverpool, onde se envolveu em questões de bem-estar familiar. Ela resgatou meninas de *workhouses* (um lugar onde as pessoas pobres que não tinham com que subsistir podiam ir viver e trabalhar), dando-lhes trabalho útil, e fez campanha contra a prostituição infantil, tendo descoberto um esquema de tráfico de meninas entre 12 e 16, para a prostituição, e que eram mantidas em regime de escravidão.

Sua segunda campanha foi contra as leis sobre doenças contagiosas. Essas leis, destinadas a reduzir a propagação de doenças sexuais entre o Exército e a Marinha, deram à polícia o poder de prender mulheres em portos e cidades militares e submetê-las a exames médicos forçados. Se resistissem ou mostrassem sinais de infecção, poderiam ser presas. Butler argumentou que isso encorajou o assédio policial de mulheres jovens e tirou os direitos legais de metade da população, sem fazer nada para impedir a propagação da infecção pela outra metade. Era incomum uma mulher falar sobre assuntos tão "inapropriados", numa época em que as mulheres não podiam nem votar. No entanto, Butler não se intimidou em discutir essas questões, mesmo em reuniões públicas. Ao final, sua campanha aumentou a conscientização e acabou sendo bem-sucedida.

Além disso, ela questionava o papel "natural" das mulheres como esposa e mãe, perguntando o que isso significava para milhões de mulheres solteiras. Ela lutou para expandir o ensino superior feminino e ajudou a pressionar a Universidade de Cambridge a estabelecer o Newnham College, apenas para mulheres.

CAPÍTULO VII

A era moderna

✦ • ✦

Em meados do século XIX, o mundo estava colhendo os frutos da expansão do comércio. O algodão americano e asiático alimentava a vasta indústria têxtil da Grã-Bretanha, que com a automação (baseada no motor a vapor e na energia hidráulica) reduziu o preço de roupas e tecidos que eram exportados para todo o mundo. A energia a vapor reduziu o tempo de viagem e os custos, tanto para mercadorias como para pessoas. Matérias-primas como madeira e carvão estavam sendo comercializadas internacionalmente, assim como artigos considerados de luxo como chá, café e especiarias exóticas. Ano após ano, o mundo do comércio estava se tornando mais rico.

Com a riqueza veio o tempo livre para pensar e agir corretamente em relação à sociedade e à política. A Grã-Bretanha já havia acabado com a escravidão, reformado seu Parlamento e abolido as leis protecionistas do milho, mas os liberais não conseguiram conduzir o debate à sua maneira. A rápida industrialização levou a tensões nas famílias, instituições sociais e na infraestrutura pública, como estradas e rios. Cresceu um sentimento generalizado de que precisávamos de um novo liberalismo social – não apenas deixando as pessoas em paz, mas possibilitando que elas se tornassem livres. Mudanças rápidas levaram alguns ativistas a novas ideias, como o anarquismo (sociedade sem Estado) e o comunismo (propriedade coletiva dos recursos), outros de volta a um passado conservador, enquanto novas teorias econômicas e evolucionistas levaram o pensamento político e social para outras direções inesperadas.

[70] Lord Acton [John Dalberg-Acton] (1834-1902): historiador e político católico inglês.

Ideias-chave: o poder como elemento corruptor; o indivíduo como o mais elevado fim político; diferença entre liberdade e licenciosidade; importância das ideias na preservação da liberdade.

Obra-chave: *The history of freedom and other essays* (1907) [*Ensaios sobre a história da liberdade*].

Embora Acton fosse mais conservador do que liberal, ele tem um lugar no coração dos liberais por sua observação: "O poder tende a corromper e o poder absoluto corrompe absolutamente". Acton acreditava que a civilização ocidental era superior às outras, tendo levado séculos para desenvolver a ideia de que o indivíduo era o elemento de maior valor na sociedade. A liberdade individual, portanto, "não é um meio para um fim político superior, mas por si só, é o mais elevado fim político", logo era preciso protegê-la "contra a influência da autoridade e das maiorias, costumes e opiniões". Como católico fervoroso, ele fazia questão de distinguir liberdade de licenciosidade: "A liberdade não é o poder de fazer o que gostamos, mas o direito de poder fazer o que devemos".

Acton aplaudiu a estrutura federal da Constituição dos Estados Unidos da América como protetora da liberdade pessoal. Ele apoiou os confederados por sua defesa dos direitos dos estados contra o governo centralizado que, ele alertou, poderia facilmente cair na tirania se não fosse controlado.

No entanto, as constituições sozinhas não poderiam preservar a liberdade. A liberdade depende das ideias nas quais nossas instituições estão enraizadas. Mesmo as instituições liberais degeneram com o tempo se não vivem nos corações e mentes dos indivíduos. Embora as instituições do governo possam parecer liberais na forma, observou ele, elas ainda não defendem necessariamente a liberdade na prática.

[71] Auberon Herbert **(1838-1906)**: político inglês e filósofo individualista.

Ideias-chave: voluntariado; proteção como único papel do governo.

Obras-chave: *The right and wrong of compulsion by the State* (1885) [*O certo e o errado da compulsão pelo Estado*]; *The voluntaryist creed and a plea for voluntaryism* (1906) [*O credo voluntarista e um apelo pelo voluntarismo*].

Filho mais novo do Conde de Carnarvon, Herbert serviu no Exército Britânico e brevemente se tornou um membro do Partido Liberal no Parlamento inglês. Influenciado por Herbert Spencer, ele passou a ver o livre mercado e a cooperação voluntária como um caminho melhor para o progresso do que a política:

Recusai-vos, pois, a confiar em meros mecanismos, em organizações partidárias, em Atos do Parlamento, em grandes sistemas desajeitados, que tratam o bem e o mal, o cuidadoso e o descuidado, o esforçado e o indiferente, no mesmo plano, e que devido ao seu vasto e pesado tamanho, à sua complexidade, à sua gestão central oficial, fogem inteiramente ao seu controle.

Herbert acreditava que o governo deveria ser "estritamente limitado aos seus deveres legítimos", que eram "proteger a pessoa e a propriedade do indivíduo contra a força e a fraude", pois, segundo ele, essa era a única justificativa para o uso da força. Os governos não podiam "agredir" à vida e à propriedade das pessoas impondo o serviço militar obrigatório, a educação compulsória ou mesmo a tributação. Assim, a receita do governo necessária para a defesa da liberdade e propriedade teria que ser aumentada voluntariamente:

A força – quaisquer que sejam as formas que assuma – não pode fazer nada por você. Não pode resgatar nada; não pode lhe dar nada que valha a pena ter, nada que perdure; não pode te dar nem prosperidade material [...]. Declare de uma vez por todas que todos os homens e mulheres são os únicos verdadeiros donos de suas faculdades, de sua mente e corpo, da propriedade que lhes pertence; que você só construirá a nova sociedade sobre a única base verdadeira de autopropriedade, autogoverno e auto-orientação [...].

Herbert fez discursos, escreveu artigos e publicou periódicos (um deles chamado *Free Life*) para promover seu voluntarismo. Ele não gostava de ser chamado de "anarquista" porque aceitava a necessidade de um governo nacional – embora muito limitado e financiado voluntariamente. Ele chegou a aceitar que teria que ser um governo republicano dirigido pela maioria, mas argumentou que ser a maioria ainda não confere nenhum direito de usar a força, exceto para repelir a força. O princípio da autopropriedade significava que "nem um indivíduo, nem uma maioria, nem um governo podem ter direitos de propriedade sobre outros homens".

Herbert pensava que "o poder é um dos piores, o mais fatal e desmoralizante de todos os presentes que você pode colocar nas mãos dos homens". Portanto, foi com alguma justificativa que Benjamin Tucker o chamou de "um verdadeiro anarquista em tudo, menos no nome".

[72] Henry George (1839-1897): jornalista e economista americano.

Ideia-chave: imposto sobre o valor da terra.

Obra-chave: *Progress and poverty* (1879) [*Progresso e pobreza*].

Henry George começou a vida como ajudante de navio e assistente de impressão, mas aprendeu economia sozinho, tornou-se um jornalista sênior e depois, em grande parte graças ao seu livro *Progress and poverty* (1879), um importante economista e reformador.

George argumentou que a maioria das formas de tributação sufoca o crescimento, pois um imposto sobre a renda, por exemplo, era como a escravidão e desencorajaria as pessoas de criar e aceitar empregos. Da mesma forma, as tarifas de importação elevavam os preços para os consumidores e protegiam as empresas monopolistas estabelecidas contra a concorrência. Apenas um imposto sobre o valor da terra, pensou ele, seria neutro, porque (como David Ricardo também pontuou) a terra era limitada em quantidade, de modo que sua "produção" não seria afetada pelo imposto.

George argumentou que as pessoas legitimamente possuem o que criam, mas não criam a terra, então os recursos naturais em geral deveriam pertencer igualmente a toda a comunidade, mas, além disso, o livre mercado e o livre comércio eram as melhores maneiras de tirar as massas da pobreza.

[73] Carl Menger (1840-1921): economista austríaco.

Ideias-chave: teoria econômica austríaca; subjetivismo metodológico e individualismo.

Obra-chave: *Grundsätze der volkswirthschaftslehre* (1871) [*Princípios de economia política*].

Menger estudou em Praga e Viena antes de se tornar jornalista especializado em negócios. Nesse papel, ele enxergou inconsistências entre o ensino da economia "clássica" dominante e o funcionamento dos mercados na vida real. Assim, em 1867, ele começou a escrever uma nova abordagem intitulada *Grundsätze der volkswirthschaftslehre* (1871). Com apenas 33 anos, tornou-se catedrático de teoria econômica na Universidade de Viena. Ele é lembrado hoje como o fundador da Escola Austríaca de Economia.

Menger acreditava que os economistas clássicos estavam errados ao se concentrar em grandes conjuntos de elementos, como a produção total de bens ou a demanda total por eles. Isso fez com que essas pessoas procurassem em vão por ligações mecânicas (equilíbrio) entre esses valores agregados. Ele chamou isso de coletivismo metodológico. O que realmente impulsiona a vida econômica, ele sustentou, é como as pessoas valorizam os bens individuais e como elas agem de acordo com esses valores. A economia deve, portanto, partir dos valores e ações dos indivíduos – uma abordagem que ele chamou de individualismo metodológico.

Uma parte fundamental desse novo método foi o subjetivismo. Muitos economistas pensavam que o valor de um bem era objetivamente mensurável – seu valor era a quantidade de trabalho usada para produzi-lo. Menger respondeu que os bens não têm valor inerente em si mesmos, pois os indivíduos faziam as suas próprias (e diferentes) avaliações acerca deles, dependendo de suas necessidades e preferências específicas. Atualmente chamamos isso de teoria subjetiva do valor.

Essas abordagens permitiram a Menger desenvolver a ideia de utilidade marginal (agora um princípio central da economia dominante), resolvendo o paradoxo clássico de por que a água, uma mercadoria vital, é menos valorizada do que os diamantes, um bem inútil. Ele mostrou que o valor não depende apenas da qualidade do bem em si, mas da quantidade que está disponível para nós.

O individualismo e o subjetivismo de Menger o levaram, assim como os seus seguidores Ludwig von Mises e F. A. Hayek, a rejeitar o intervencionismo, uma vez que a economia era um processo de ajustes mútuos, não uma máquina a ser consertada. O capitalismo, observou ele, encoraja as pessoas a buscar a prosperidade servindo aos outros. A intervenção interrompe essa colaboração, criando incompatibilidades que exigem ainda mais intervenção – alimentando ainda mais os processos disruptivos.

[74] Bruce Smith (1851-1937): político e autor australiano.

Ideias-chave: tradições conservadoras e liberais; oposição à interferência do governo.

Obra-chave: *Liberty and liberalism* (1887) [*Liberdade e liberalismo*].

Nascido no porto inglês de Rotherhithe, perto do centro de Londres, a família de Smith migrou para Melbourne, Austrália. Em seu novo país, ele se tornou um deputado pelo estado de Nova Gales do Sul antes de voltar a administrar os negócios de transporte de seu pai, mas em 1887 foi deserdado após uma discussão. Em virtude disso, ele passou a exercer a advocacia e tornou-se deputado federal (1901-1919). Nos negócios, ele procurou chegar a um acordo com os sindicatos e fundou o Conselho de Conciliação no estado de Victoria – embora também tenha fundado as associações de empregadores de Nova Gales do Sul e de Victoria.

Aos 36 anos, Smith escreveu *Liberty and liberalism* (1887), o primeiro grande estudo sobre liberalismo publicado na Austrália. Um livro grande e erudito em que ele revisa as tradições liberais e conservadoras inglesas, francesas e americanas em filosofia, política e economia. Com o seu longo subtítulo: "Um protesto contra a crescente tendência à interferência indevida do Estado, na liberdade individual, iniciativa privada e direitos de propriedade", Smith pretendia que fosse um contra-ataque aos "novos" liberais que defendiam mais "legislação intrometida" como ele denominava. Influenciado por Spencer, pelo voluntarismo e também pelos liberais de Manchester, ele defendeu, ao longo de sua vida, o livre comércio e o *laissez-faire*, além de ser um forte defensor do movimento das mulheres e um crítico da política da Austrália branca.

[75] Benjamin Tucker (1854-1939): editor americano, anarquista individualista e egoísta.

Ideias-chave: anarquismo; direitos de propriedade; liberdade pessoal; fim da regulamentação e provisão estatal.

Obra-chave: *Liberty* (1881-1908) [*Liberdade*].

Tucker se deparou com ideias anarquistas enquanto estudava no Massachusetts Institute of Technology (MIT). Começou a traduzir e publicar livros e artigos de pensadores radicais como o mutualista Pierre-Joseph Proudhon (1809-1865), o anarquista individualista Max Stirner (1806-1856), Herbert Spencer e Lysander Spooner. Entre 1881 e 1908, publicou o influente periódico anarquista *Liberty*. Ao longo de sua carreira, ele desenvolveu sua própria linha de anarquismo individualista.

Embora ele se chamasse de "socialista", era hostil à ideia de qualquer autoridade coletiva. Ele achava que os "trabalhadores anarquistas" deveriam possuir os frutos de seu próprio trabalho e poder trocá-los em um mercado livre de poder e privilégios. Eles teriam a liberdade de negociar até mesmo "usura, rum, casamento, prostituição e muitas outras coisas que se acredita serem erradas...".

Mas isso significava acabar com vários "monopólios" de mercado, incluindo regulamentação bancária (que, segundo ele, restringia a concorrência e aumentava o custo das finanças), terras (que deveriam conferir título apenas àqueles que realmente as ocupavam e as utilizavam), tarifas (que aumentavam o custo de importações para consumidores) e patentes (já que as ideias, ao contrário da propriedade real, devem ser de livre acesso). Ele também se opôs ao monopólio estatal da defesa e segurança, defendendo um mercado livre entre agentes fornecedores concorrentes.

Mais tarde, Tucker tornou-se mais pessimista sobre como a concentração de riqueza, a centralização política e a produção em massa estavam tornando a sociedade menos individualista, mas suas ideias inspiraram Murray Rothbard e outros anarcocapitalistas do final do século XX.

[76] Voltairine de Cleyre **(1866-1912)**: anarcofeminista americana.

Ideias-chave: anarquismo; crítica dos papéis de gênero e do casamento.

Obra-chave: *Direct action* (1912) [*Ação direta*].

De Cleyre foi uma prolífica poeta, escritora, ensaísta e oradora que se opôs à autoridade do Estado, da Igreja e do casamento. Ela é mais lembrada hoje por seu ensaio *Direct action* (1912), amplamente citado por movimentos de protesto.

Nascida na pobreza em Michigan, o pai de Cleyre a nomeou em homenagem ao liberal francês Voltaire. Sua educação católica a levou ao ateísmo, ao mesmo tempo que sofreu a influência de liberais e anarquistas como Thomas Paine, Thomas Jefferson, Mary Wollstonecraft (sobre quem ela escreveu e lecionou), Lysander Spooner, Henry David Thoreau e Benjamin Tucker, editor do periódico *Liberty*, para o qual ela escreveu diversos artigos. Mais tarde na vida, ela derivou para o mutualismo, mas terminou como uma "anarquista sem adjetivos", vendo qualquer sistema não violento sem governo como defensável.

Sua rejeição à autoridade do Estado foi aprofundada pela tragédia na Haymarket Square, em Chicago, onde anarquistas protestavam contra a polícia ter disparado anteriormente contra uma multidão de grevistas. Uma bomba foi lançada e a polícia culpou os anarquistas, prendendo vários, que foram condenados à morte. De Cleyre classificou isso como assassinato judicial de oponentes políticos inocentes, organizado pelas autoridades.

De Cleyre também era feminista. Ela defendeu que a socialização precoce forçou as crianças a papéis de gênero não naturais, criando meninas contidas e meninos assertivos. O casamento, em consequência, tornou as mulheres escravas, quando, na verdade, homens e mulheres deveriam, em vez disso, organizar suas vidas como seres livres. Ela se considerava principalmente uma anarquista, acreditando que a ordem social e civil – "essa zombaria da ordem, essa caricatura da justiça" – oprimia ambos os sexos. A solução foi o empoderamento de toda a humanidade, não apenas das mulheres.

"Morro, como vivi", escreveu ela em seus últimos dias, "um espírito livre, uma anarquista, não devendo lealdade a governantes, celestiais ou terrenos".

[77] Albert J. Nock **(1870-1945)**: autor libertário americano.

Ideias-chave: antiestatismo radical; natureza antissocial do Estado.

Obra-chave: *Our enemy, the State* (1935) *Nosso inimigo, o Estado*].

Um homem de letras que é menos conhecido hoje do que era em seu tempo, Nock inspirou uma geração de jovens individualistas e seus escritos. Filho de um metalúrgico que serviu brevemente como clérigo ordenado da Igreja episcopal, Albert foi educado em casa, mas ainda na juventude tornou-se editor da revista liberal, pró-capitalista e antiguerra *The Nation* e editor fundador do *The Freeman* – foi nessa qualidade que ele descobriu e encorajou Suzanne La Follette. Anos mais tarde, admiradores de seu trabalho criaram a revista *Human Events*, a *National Review* e a *Intercollegiate Society of Individualists*.

A abordagem "antiestatista radical" de Nock – clamando por uma sociedade baseada na liberdade natural e livre da influência política do

Estado, foi continuada por Murray Rothbard e outros libertários. Segundo Nock, embora os mercados e a sociedade não fossem perfeitos, o Estado não pode melhorar a civilização e a moralidade. Na verdade, ele só pode piorar as coisas.

O Estado, explicou ele em *Our enemy, the State* (1935), era inerentemente antissocial, porque "invariavelmente teve sua origem na conquista e confisco". Os únicos direitos que reconhecia eram os concedidos por ele mesmo. Para reforçar essa dominação, o Estado tornou a justiça difícil e custosa e se manteve acima da lei: por exemplo, baniu os monopólios enquanto os administrava e suprimiu a liberdade econômica porque não poderia haver outras liberdades sem ela "Na medida em que você dá ao Estado o poder de fazer coisas para você", ele advertiu, "você dá o poder de fazer coisas para você". Quanto mais fraco fosse o Estado, menos poder teria para cometer crimes ou iniciar guerras, o que encorajava os males da "coletivização, imperialismo, nacionalismo e adoração da bandeira".

Nock culpou as administrações americanas da década de 1920 por criarem a Grande Depressão ao empilhar crédito sobre crédito – seguido por mais uma injeção de crédito para conter a crise. Ele também denunciou o remédio do *New Deal* como um pretexto para estender o poder e o controle do governo que, ele alertou, se mostraria permanente, apesar de ser anunciado como temporário.

Ele se opôs à centralização, regulação, imposto de renda, Estado de bem-estar e educação obrigatória. A educação pública dada pelo governo, queixava-se, promovia uma reverência servil ao Estado e uma uniformidade de ideias, condutas, estilos de vida e crenças: isso era mais treinamento do que educação. Os benefícios sociais do Estado eram uma fraude, com as pessoas sendo levadas a pensar que eram os outros, não eles mesmos, que estavam pagando o custo. Por fim, afirmava que o imposto de renda teve resultados perversos, tão corriqueiros que nem foram percebidos.

Nock era pessimista sobre o futuro da liberdade, vendo a si mesmo como um "remanescente" – um de uma pequena minoria que entendia a natureza do Estado e da sociedade, mas que não teria influência até que o sistema atual entrasse em colapso. Até então, sugeriu, o melhor caminho era cercar-se de grandes ideias e de pessoas que as compartilhassem.

CAPÍTULO VIII

A economia livre e a sociedade

✦ • ✦

O final do século XIX e início do século XX trouxe muitos desenvolvimentos no campo emergente da economia. À medida que a confiança dos economistas aumentava, muitos começaram a ver sua disciplina como equivalente às ciências naturais. Eles passaram a acreditar que os economistas podiam prever, planejar e modelar questões econômicas, assim como os físicos haviam feito com os fenômenos naturais. Os liberais tiveram que enfrentar os novos desafios do socialismo "científico", do planejamento central e do controle estatal da indústria.

O liberalismo, com sua ênfase no individualismo e no *laissez-faire*, parecia cada vez mais antiquado e irrelevante. Rússia, China e outros países se tornaram comunistas – com total apoio dos intelectuais ocidentais, que os viam como modelos atrativos, ousados e racionais para seus próprios países. No Ocidente, o mesmo coletivismo que venceu a Segunda Guerra Mundial agora "conquistaria a paz" – proporcionando bem-estar, moradia, saúde, educação e emprego para todos.

As críticas dos liberais ao socialismo pouco fizeram para desacelerar sua marcha ou contrabalançar suas atrações emocionais. Os poucos liberais restantes se reuniram em refúgios seguros como a Sociedade Mont Pelerin de F. A. Hayek, para manter a chama acesa. Tudo o que eles podiam fazer era esperar, até que a terrível consequência que eles previam do experimento coletivista realmente se tornasse clara. Enquanto isso, eles trabalhariam no desenvolvimento de novas abordagens liberais que estivessem mais sintonizadas com as realidades de um mundo em rápida mudança, para que, quando os eventos mudassem, eles estivessem prontos.

[78] Ludwig von Mises **(1881-1973)**: economista austríaco.

Ideias-chave: economia austríaca; oposição à regulação estatal; impossibilidade de cálculo socialista; ciclos econômicos, moeda forte.

Obras-chave: *The theory of money and credit* (1912) [*A teoria do dinheiro e do crédito*]; *Socialism* (1922) [*Socialismo*]; *Liberalism* (1927) [*Liberalismo*]; *Human action* (1949) [*Ação humana*].

Mises foi um dos mais importantes economistas liberais e cientistas políticos de seu tempo. Ele se tornou a principal figura da Escola Austríaca de economia – influenciando muitos outros, incluindo F. A. Hayek e Murray Rothbard.

Mises fez uma defesa robusta do *laissez-faire*, argumentando que o livre mercado, a divisão do trabalho e a troca livre eram os únicos arranjos econômicos que traziam prosperidade sustentável. Assim que os governos começaram a prejudicar a economia de mercado, ele insistia, eles desencadearam ondas de deslocamento, criando excedentes e escassez que exigiram mais intervenções para reparar o estrago. Essas intervenções, por sua vez, tiveram ainda outros resultados indesejados que exigiram mais ações, até que no final todo o processo de mercado foi sufocado. Isso, por sua vez, corroeria os fundamentos da ordem social liberal, uma vez que a liberdade dependia da propriedade privada e do livre comércio. Os governos não deveriam, portanto, realizar nenhum tipo de intervenção.

Mises começou a vida (como F. A. Hayek) como um socialista moderado, mas ele se deparou com a obra *Grundsätze der volkswirthschaftslehre* (1871), escrita por Carl Menger, que mudou fundamentalmente sua perspectiva. Ele assumiu, desenvolveu e sistematizou o individualismo metodológico e o subjetivismo de Carl Menger. Os economistas tradicionais, argumentava ele, falharam por causa de sua abordagem coletivista. Ao tentar copiar o sucesso das ciências naturais, eles buscaram ligações mecânicas entre medidas como demanda agregada, oferta agregada e nível de preços, esperando usar esse conhecimento para planejar sistemas econômicos mais "racionais". No entanto, não havia relações científicas entre essas coisas, que eram meramente agrupamentos estatísticos. Coisas reais e individuais podem afetar umas às outras, mas as estatísticas, não. De fato, ao agrupar bens e serviços muito diferentes – maçãs, tijolos, cortes de cabelo, queijo, sapatos, copos, caixas registradoras e viagens de ônibus –, esses agregados apenas escondem o que realmente está acontecendo por baixo. É absurdo falar de "nível" de preços, por exemplo, quando na realidade existem apenas milhões de preços individuais, cada um subindo ou descendo simultaneamente.

O que realmente impulsionava a vida econômica, disse Mises, eram os valores e ações específicas de milhões de indivíduos diferentes. Os valores humanos não podem ser medidos e calculados em equações, pois as pessoas reagem às mudanças econômicas de maneiras diferentes, logo, um aumento no preço do açúcar pode fazer com que algumas pessoas entrem em pânico para comprá-lo, mas outras reduzam seu consumo. Não podemos prever como todas elas reagirão amanhã.

Ao aplicar essa ideia sistematicamente em vários fenômenos econômicos, Mises produziu muitos *insights* novos. Para os economistas tradicionais, por exemplo, o dinheiro era um meio de troca sem vida, mas para Mises, o dinheiro era um bem econômico – valorizado, como outras coisas, por sua utilidade. Seu preço (ou seja, seu poder de compra em termos de outros bens) era determinado pelas mesmas forças de mercado que determinam o preço de qualquer outro bem econômico. A quantia que as pessoas escolhiam para manter à mão (em suas carteiras ou contas bancárias) dependia de quão útil elas achavam que seria para fazer compras futuras. Quanto mais útil o consideravam, maior era seu poder de compra; quanto menos útil, menor o seu poder de compra. Essa visão sobre valores e ações individuais nos explicou muito sobre a inflação que os economistas tradicionais, com seu coletivismo metodológico, nunca conseguiram entender.

Os ciclos de negócios foram outro exemplo. Mises e Hayek traçaram esses episódios de expansão e retração até as políticas de crédito fácil pelas quais os bancos centrais tentaram estimular o crescimento econômico. Infelizmente, o falso sinal de baixas taxas de juros alimentou empréstimos, gastos e investimentos – mas as mesmas baixas taxas de juros desencorajaram as pessoas a poupar. Sem poupança, o *boom* ficaria sem fundos: as empresas teriam que abandonar seus planos de investimento e as pessoas ficariam sem trabalho. O papel-moeda, pensou Mises, dava aos bancos liberdade demais para desencadear tais ciclos desastrosos. Apenas uma moeda forte, como o ouro, poderia contê-los.

Aplicando o mesmo método em *The theory of money and credit* (1912), Mises também nos deu uma melhor compreensão da natureza do capital e dos juros. Os juros, afirmou ele, não eram um "retorno" automático da poupança. Em vez disso, dependia de como os indivíduos envolvidos valorizavam o futuro – se eles achavam que valia a pena desistir do consumo hoje para produzir as redes de pesca, arados e máquinas que poderiam aumentar a produção amanhã. Essa compensação mostrou a importância crucial do tempo e como as pessoas o valorizam em todos os cálculos econômicos. Mas o tempo – e os valores – foram negligenciados na abordagem dominante.

E, da mesma forma, ao se concentrar apenas nos totais estatísticos, os principais economistas trataram erroneamente o capital como algo uniforme, mas a escolha em quais bens de capital as pessoas investiriam – a estrutura de capital – era crucial, insistiu Mises. Por maior ou menor que fosse o total, o investimento nos bens de capital errados – mau investimento – era debilitante. Apenas o método individualista revelou isso.

Em *Socialism* (1922), Mises argumentou que o cálculo econômico se torna impossível quando os mercados deixam de existir. Sob a propriedade do Estado, os insumos produtivos, como fábricas e equipamentos, nunca são comprados ou vendidos, portanto, nunca são precificados. Sem preços de insumos, não podemos saber qual dos muitos processos de produção possíveis é o mais barato. Portanto, não temos uma maneira racional de escolher entre eles. Inevitavelmente, processos muito caros serão escolhidos e recursos desperdiçados. A economia de mercado, por outro lado, coloca pressão competitiva sobre os produtores para escolher os métodos mais econômicos – reduzindo assim o desperdício e preservando recursos vitais intactos para outros fins.

Em resposta a essa crítica devastadora, os economistas socialistas propuseram o "socialismo de mercado", no qual os recursos seriam alocados "como se" existissem mercados, mas Mises respondeu que o socialismo de mercado só poderia funcionar quando houvesse preços reais de mercado para serem copiados. Assim, para Mises, quanto mais o socialismo se espalhava, menos ele era capaz de planejar racionalmente a produção. O socialismo simplesmente se sufocaria.

[79] Frank Knight (1885-1972): economista e moralista americano.

Ideias-chave: liberdade econômica como fundamento para outras liberdades; falhas de mercado e falhas de governo; intervencionismo pode fazer mais mal do que bem.

Obra-chave: *Risk, uncertainty and profit* (1921) [*Risco, incerteza e lucro*].

Frank Knight foi um dos fundadores da Escola de Economia de Chicago, que incluía seus alunos Milton Friedman, George Stigler e James Buchanan. Ele também foi membro fundador (junto com Friedman, Stigler, Ludwig von Mises e F. A. Hayek) da Sociedade Mont Pelerin, a ponta de lança do renascimento liberal após a Segunda Guerra Mundial.

Knight começou sua vida estudantil estudando para ser um ministro religioso, mas terminou com um doutorado em economia pela Cornell. Sua tese clássica, *Risk, uncertainty and profit* (1921), destacou o papel vital dos empreendedores no fomento para a criação de novos produtos e processos através da incerteza de eventos que não podem ser antecipados, e o risco de eventos que podem ser antecipados, mas cuja escala e o impacto não podem ser previstos com exatidão.

Ele argumentou que a liberdade econômica era fundamental para todas as outras liberdades. A liberdade não era apenas um fim em si mesma, mas um meio para alcançar outros valores. Os mercados livres eram uma parte essencial dessa liberdade e eram melhores do que outros sistemas para gerenciar as ambições conflitantes das pessoas. No entanto, ela apregoava que os mercados nunca foram perfeitos e as políticas de *laissez-faire* simplesmente deixariam suas falhas sem correção. Logo, os mercados não poderiam resolver todos os conflitos sociais, morais e pessoais – o que significava que o governo tinha que estabelecer limites para essa liberdade.

Isso, no entanto, criaria conflitos políticos e, como era impraticável que pessoas simplesmente deixassem uma sociedade política da qual discordam, era necessário um compromisso amplo. Isso, por sua vez, exigiria um debate democrático e um governo representativo. Por outro lado, de acordo com sua visão, a democracia é uma batalha entre interesses conflitantes como os mercados, e possui muitas das mesmas falhas.

É precisamente porque a política e a economia são falhas, dizia Knight, que mesmo intervenções políticas bem intencionadas nos mercados podem facilmente piorar as coisas. Não devemos intervir a menos que haja um problema claro e uma perspectiva clara de sucesso. Também não era razoável hesitar em agir se for esse o caso, mas era preciso estar ciente de que nem todo problema social tem solução.

[80] Isabel Paterson (1886-1961): jornalista, romancista, crítica e filósofa anarquista américo-canadense.

Ideias-chave: criatividade sufocada pelas leis; regulações ajudam negócios mais poderosos e criam monopólios.

Obra-chave: *The god of the machine* (1943) [*O deus da máquina*].

Isabel Paterson, Rose Wilder Lane e Ayn Rand ficaram conhecidas como as três "mães" do libertarianismo americano.

Paterson, uma das nove crianças nascidas de uma família na remota ilha de Manitoulin, em Ontário, foi em grande parte (como Lane) autodidata e, na adolescência, teve vários empregos mal-remunerados, incluindo garçonete, contadora e estenógrafa. Ela se casou em 1910, mas se separou menos de uma década depois. Isabel aceitou trabalhos de redação e editorial nos Estados Unidos e foi rapidamente promovida, tornando-se uma crítica literária influente, conhecida por sua sagacidade ácida. Ela também escreveu faroestes e romances históricos.

Seu livro *The god of the machine*, publicado em 1943 (no mesmo ano de *The discovery of freedom*, de Lane), foi um dos textos seminais da filosofia individualista. Nele, ela questiona por que alguns países permanecem prósperos enquanto outros permanecem estagnados. Sua resposta foi que os princípios econômicos e jurídicos dos primeiros permitem que a criatividade individual floresça. O Império Romano se expandiu, argumentou ela, não por causa de seu poderio militar, mas por causa de suas instituições abertas, comércio e mobilidade social, que promoviam a criatividade livre.

De acordo com Paterson, os monopólios surgiram em grande parte dos privilégios concedidos pelos governos e as leis antitruste não acabaram com isso. De fato, quando os produtores que conseguem vender seus produtos por preços mais baixos podem ser acusados de "preços predatórios", os que produzem e vendem a preços mais altos de "preços abusivos" e aqueles que cobram o mesmo preço de "preços fixos", são as empresas bem estabelecidas e politicamente conectadas que melhor podem encaminhar a discussão em benefício próprio.

Devemos julgar as políticas por seus resultados, não por suas intenções: "A maior parte do mal no mundo é causado por pessoas boas, e não por acidente, lapso ou omissão", escreveu ela. "É o resultado de suas ações deliberadas, levadas a cabo por muito tempo, que elas sustentam ser motivadas por altos ideais em direção a fins virtuosos."

No *New York Herald Tribune*, onde Paterson escrevia uma coluna regularmente, ela conheceu Ayn Rand. Elas se tornaram amigas e promoveram os livros uma da outra, mas se separaram em 1948 em decorrência de uma discussão. Pouco depois, Paterson foi retirada do *Tribune*, pois os seus apelos por menos interferência do governo em questões sociais, de bem-estar e econômicas eram contra o espírito da época. Apesar disso, nessa altura ela já havia ganhado dinheiro suficiente para se recusar a receber os benefícios da recém-criada Previdência Social, que ela descreveu como uma "fraude". Lane seguiu o exemplo de Paterson, mas Rand, de forma pública e controversa, decidiu aceitar tais benefícios.

[81] *Rose Wilder Lane* (1886-1968): jornalista, romancista e teórica política americana.

Ideias-chave: erosão estatal das liberdades individuais; criatividade das pessoas livres.

Obra-chave: *The discovery of freedom* (1943) [*A descoberta da liberdade*].

Rose nasceu em Dakota do Sul, filha de Laura Ingalls Wilder (1867-1957), autora dos livros *Little house on the prairie*. Em grande parte autodidata, ela se casou em 1909 e teve uma série de trabalhos em escritórios e redações de jornais. Em 1915, ingressou no *San Francisco Bulletin*, onde logo foi valorizada como editora e escritora habilidosa. Em 1918, seu casamento terminou e ela começou a escrever romances e biografias, bem como contos, artigos e resenhas em jornais de circulação nacional como o *Harper's* e o *Saturday Evening Post* – tornando-se a escritora mais bem paga da América.

No curso de extensas viagens na América e na Europa, ela se retratou de seu socialismo juvenil, tendo visto em primeira mão a tirania da Rússia soviética e a opressão burocrática na Europa entre guerras. O planejamento econômico, concluiu ela, não era amigo da liberdade e da prosperidade:

> Agora sou uma americana fundamentalista; dê-me tempo e eu lhe direi por que o individualismo, o *laissez-faire* e a anarquia ligeiramente contida do capitalismo oferecem as melhores oportunidades para o desenvolvimento do espírito humano. Também lhes direi por que a relativa liberdade do espírito humano é melhor – e mais produtiva, mesmo em aspectos materiais – do que o comunismo, fascismo ou qualquer outra estrutura rígida e organizada para fins materiais.

Grande parte de seus escritos subsequentes destaca sua crescente consternação com a erosão das liberdades individuais provocadas pelo Estado. Sua obra mais duradoura, *The discovery of freedom* (1943), mostra a importância de indivíduos que promovem o progresso agindo contra a opinião da maioria – e como o planejamento e a regulação estatal os frustram. Ela se tornou amiga e mentora de Ayn Rand, que adotou essa ideia.

Lane atacou o *New Deal* como sendo uma espécie de "socialismo rastejante", fez campanha contra as leis de zoneamento por infringir os direitos de propriedade e desistiu de uma coluna e de um trabalho editorial para evitar o pagamento de impostos para a Previdência Social, chamando esse sistema previdenciário de "esquema de Ponzi". Ela manteve uma fé inabalável no poder criativo de indivíduos livres, escrevendo (numa época em que a população mundial era menos de um terço da atual): "A revolução está apenas começando. Quando todos os homens vivos souberem que todos nascem livres, a energia de 2,5 bilhões de seres humanos será liberada nesta terra. Os Estados Unidos foram construídos por apenas 2,5 milhões. O que será possível com 5 bilhões?

[82] Walter Eucken **(1891-1950)**: economista alemão.

Ideias-chave: ordoliberalismo e o milagre econômico alemão.

Obra-chave: *The order of economics* (1937) [*A ordem da economia*].

Eucken é lembrado como o pai do ordoliberalismo, como é conhecido o conjunto de ideias neoliberais que ajudaram a reverter a estagnação econômica do pós-guerra e criaram o "milagre econômico" alemão (*Wirtschaftswunder*).

Nascido em uma família de acadêmicos, Eucken estudou economia e tornou-se professor, primeiro em Berlim e depois em Freiburg. Lá, ele ajudou a criar a Escola de Economia de Freiburg, que era amplamente liberal, mas via o governo como tendo um papel legítimo na restrição aos mercados para evitar consequências sociais indesejáveis. No final da década de 1930, Eucken e outros colegas que se opunham a Hitler basearam-se nos princípios da Escola de Freiburg para estabelecer uma estratégia econômica pós-guerra que substituiria o planejamento central dos nazistas por um sistema competitivo mais liberal. Sua resistência ao nazismo fez com que Eucken fosse preso e seus outros companheiros executados.

No entanto, o ordoliberalismo mais tarde moldaria a política econômica do pós-guerra e desencadearia o "milagre". Sob a abordagem de Eucken, o Estado forneceria uma estrutura econômica liberal baseada em direitos de propriedade, mercados abertos e estabilidade monetária. Isso não seria *laissez-faire*, que Eucken acreditava que produziria cartéis e uma concentração excessiva de poder corporativo. Em vez disso, o Estado promoveria a concorrência e limitaria o poder das empresas.

Ludwig Erhard (1897-1977), diretor econômico dos importantes setores anglo-americanos da Alemanha do pós-guerra, adotou a abordagem ordoliberal, abolindo os controles de salários e preços e introduzindo uma moeda mais estável (o marco alemão). Dentro de alguns anos, a Alemanha estava desfrutando de sua recuperação "milagrosa".

[83] Suzanne La Follette **(1893-1983)**: jornalista feminista libertária americana.

Ideia-chave: base econômica do feminismo libertário.

Obra-chave: *Concerning women* (1926) [*Sobre as mulheres*].

La Follette foi criada em uma fazenda no oeste dos EUA. Filha de um congressista americano cujo primo também era senador, ela trabalhou brevemente no Capitólio. Ao mudar-se para Nova York, conheceu Albert Jay Nock, que a recrutou para seu jornal de curta duração *The Freeman*.

Nock encorajou La Follette a escrever *Concerning women* (1926), o livro mais significativo sobre o feminismo libertário desde *Vindication of the rights of women* (1792), de Mary Wollstonecraft. Argumentou que a sujeição das mulheres, como a escravidão, estava enraizada em instituições econômicas apoiadas pelo Estado. O Estado, por meio da legislação trabalhista, salários mínimos e leis restritivas sobre prostituição, controle de natalidade e ilegitimidade, colocou as mulheres em tal desvantagem econômica que, para a maioria, o casamento era a única opção. Nesse sentido, as leis do casamento agravaram a desvantagem, dando todos os direitos ao parceiro masculino, dificultando o divórcio e deixando as mulheres dependentes e sem propriedade.

La Follette sustentava que a igualdade econômica para as mulheres e, de fato, para qualquer classe ou grupo, viria apenas quando todos fossem tratados igualmente. A questão não era poupar as mulheres do controle dos homens, mas remover todas as violações de direitos individuais por elites privilegiadas e poderosas. Além disso, sem liberdade econômica, ela insistiu, a liberdade política e social permaneceria uma ilusão. A liberdade econômica era mais importante do que a igualdade política e o voto para as mulheres. A emancipação real, para todos os grupos, implicaria a destruição do Estado.

Na década de 1930, La Follette trabalhou para absolver Leon Trotsky (1879-1940) das acusações de traição contra o ditador soviético Joseph Stalin (1878-1953). Anos depois, ela reviveu o *The Freeman* no formato de uma revista literária libertária e antiestatista, mas agora intitulada como *The New Freeman*. Por fim, tornou-se a primeira editora-gerente da *National Review*.

[84] F. A. Hayek **(1899-1992)**: economista e cientista político anglo-austríaco.

Ideias-chave: teoria dos ciclos econômicos; crítica ao planejamento central; limites ao conhecimento humano; erros do racionalismo; ordem espontânea.

Obras-chave: *The road to serfdom* (1944) [*O caminho para a servidão*]; *The constitution of liberty* (1960) [*A constituição da liberdade*]; *Law, legislation and liberty* (1973) [*Direito, legislação e liberdade*].

Hayek foi um dos pensadores liberais intelectualmente mais férteis. Nascido em uma família acadêmica com interesses diversos, passou a escrever sobre economia, filosofia, política, psicologia e história das ideias. Seu Prêmio Nobel refletiu esse alcance, sendo concedido por seu trabalho sobre ciclos econômicos e sua explicação das ordens espontâneas na sociedade humana.

A crítica de Hayek ao planejamento socialista, *The road to serfdom* (1944), por meio da qual ele mostrou a facilidade com que a social-democracia poderia se transformar em totalitarismo, trouxe-lhe fama e popularizou o seu trabalho. Logo depois, ele fundou a Sociedade Mont Pelerin, um fórum para ideias liberais que influenciaram toda uma geração de intelectuais e informaram as políticas de Margaret Thatcher (1925-2013), Ronald Reagan (1911-2004) e os novos líderes do Leste Europeu que surgiram após a queda do Muro de Berlim.

Depois de ter servido na guerra, Hayek foi contratado como economista por Ludwig von Mises e, em 1927, a dupla montou um instituto para explorar os ciclos de expansão e recessão. Eles concluíram que esses ciclos eram causados por bancos centrais que estabeleceram taxas de juros muito baixas – encorajando empréstimos, investimentos e gastos excessivos. Os juros baixos também desencorajaram a poupança e, quando os fundos secaram, os investimentos tiveram que ser abandonados e as pessoas foram demitidas. Hayek sugeriu mais tarde que a melhor prevenção era a competição entre as moedas para que as pessoas pudessem mudar facilmente para outras mais sólidas.

Na década de 1930, Hayek veio para a Grã-Bretanha, tornando-se profissionalmente famoso por suas disputas com John Maynard Keynes (1883-1946). Keynes defendia os gastos do governo para impulsionar a economia, mas Hayek argumentou que isso traria apenas inflação, rupturas e dívida.

As ideias keynesianas venceram e Hayek voltou-se mais para a filosofia social e política. Seu principal *insight* foi o conceito de ordem espontânea, que ele rastreou até Adam Ferguson, Adam Smith e outros. As sociedades humanas e as dos animais, observou ele, mostram regularidades óbvias. No entanto, ninguém planejou a sociedade das abelhas ou a linguagem humana ou as operações dos mercados, antes, elas surgiram natural e espontaneamente, evoluíram e persistiram simplesmente porque eram úteis. Ordens espontâneas surgem quando seguimos certas formas regulares de agir – regras como as regras da gramática ou dos mercados. Embora muitas vezes não consigamos articular essas regras, nem mesmo perceber que as seguimos, elas são dotadas de regularidade e contêm uma sabedoria fruto de uma evolução, ou seja, trazem em si a informação ou conhecimento que nos permitiu prosperar.

Hayek pontuou que a relação entre as regras individuais e o resultado geral era complexa, já que desconhecíamos como essas ordens funcionam e era tolice acreditar que poderíamos facilmente melhorá-las. O planejamento econômico, por exemplo, não era apenas um problema de coleta e processamento de dados para encontrar o melhor resultado. O planejador não pode sequer acessar as informações necessárias para a decisão – porque essas informações são dispersas, parciais, mudam rapidamente e são impossíveis de transmitir. Para saber o que produzir, o planejador precisaria conhecer os desejos e valores das pessoas – que não podem ser medidos ou comunicados. De fato, o inegável fracasso do planejamento central ao longo das décadas foi uma robusta evidência de quão impossível era a tarefa, enquanto a ordem espontânea do mercado processava todas essas informações dispersas e parciais, em todos os níveis locais, de momento a momento. Não temos necessidade de identificar algum objetivo compartilhado, pois os mercados reconciliam pessoas, como compradores e vendedores, que têm objetivos e valores diferentes. Na verdade, quanto mais desacordo sobre o que as pessoas valorizam, mais fácil é para elas cooperar por meio do comércio. Os sistemas de mercado podem, portanto, se tornar muito maiores e mais complexos do que os sistemas planejados.

Nós não projetamos este sistema, dizia Hayek, ao invés disso, nós tropeçamos nele por acaso. Quando as pessoas começaram a negociar e trocar mercadorias, elas não sabiam que isso se transformaria em um sistema mundial de cooperação por meio da troca e do comércio. Quando os indivíduos se envolvem na atividade comercial, os preços começaram a surgir, e os preços continham todas as informações necessárias para o funcionamento do sistema. Não precisávamos conhecer o processo de precificação de um bem, nem mesmo a sua utilidade, ou por que as pessoas estavam demandando mais daquele bem, pois a subida do preço dizia tudo. Então, a perspectiva de lucro atraía a energia das pessoas para fornecer esse bem, direcionando os recursos para seus usos mais valiosos ao mesmo tempo que se buscava evitar o desperdício e conciliar as suas diversas ambições – tudo de forma bastante automática.

Outro aspecto identificado desse sistema automático foi a possibilidade de melhoria constante. Quando os fornecedores enfrentam a concorrência, eles buscam constantemente diferenciar seus produtos. Assim, por meio de inovação constante e seleção de clientes, os produtos ficam melhores e mais baratos. Mercados e competição nunca foram "perfeitos", mas são frutos de um processo evolutivo de diferenciação, descoberta e melhoria.

Hayek via a liberdade como fundamental para a operação de ordens espontâneas. Quando os planejadores tentam alcançar algum resultado previamente estabelecido, obrigando-nos a agir de determinadas maneiras, eles interferem em nosso comportamento guiado por regras preexistentes, desperdiçam a sabedoria dessas regras e colocam toda a ordem em risco. Além disso, ordens sociais e econômicas espontâneas precisavam de inovações e novas ideias para trabalhar a fim de evoluir, crescer e se fortalecer (como John Stuart Mill observou). Pessoas livres são pessoas criativas e inovadoras, mas quando se restringe a liberdade delas, sobra menos material humano para alimentar o processo evolutivo.

Liberdade, para Hayek, significava minimizar a coerção. A sociedade foi construída sobre regras, não comandos, e demos ao Estado um poder coercitivo limitado apenas para evitar que as pessoas quebrassem as regras – não para forçá-las a agir de maneiras específicas. Para evitar o abuso de tal poder, precisávamos que o governo também fosse limitado por regras. Hayek chamou isso de Estado de direito, uma situação em que as leis deveriam ser amplamente conhecidas, aplicáveis igualmente a todos, objetivas, não retroativas (como Joseph Priestley havia defendido antes) e nos deixar a maior esfera privada possível.

Hayek via a justiça como um conjunto de regras que permitiam que a ordem social funcionasse. Não podíamos inventar as regras da justiça, mas tínhamos que descobri-las por tentativa e erro. O que as pessoas chamam de "justiça social" era bem diferente – não um conjunto de regras, mas um resultado social esperado e preconcebido. Alcançar esse resultado significava tratar as pessoas de maneira diferente, mas uma vez que começássemos a agir dessa maneira, estaríamos no caminho da servidão, sem saber onde aquilo poderia terminar. Logo, a "justiça social", de qualquer forma, era uma miragem, pois não havia acordo sobre como essa redistribuição deveria ser feita. Hayek argumenta que esse conceito de "justiça social" resultaria em grupos de interesse concorrentes fazendo lobby pelo apoio do Estado.

Para Hayek, a visão socialista da sociedade era um erro. Um governo liberal apenas criaria as condições necessárias para o funcionamento da ordem social. O direito consiste em nada mais do que a nossa tentativa de descobrir as regras da justiça, portanto, os governos não deveriam imaginar ser possível legislar sobre o funcionamento de uma sociedade inteira. Da mesma forma, eles também não deveriam pensar que uma maioria democrática lhes permitiria exceder seu papel de maneira apropriada. Em vez disso, eles deveriam ser restringidos por uma constituição que assegurasse que as pessoas fossem de fato tratadas igualmente, de modo que interesses especiais não pudessem ser atendidos e o talento de pessoas livres pudesse ser liberado.

[85] Karl Popper **(1902-1994)**: filósofo anglo-austríaco.

Ideias-chave: raiz historicista do autoritarismo; falsa ciência e intolerância; importância da tolerância.

Obras-chave: *Das elend des historizismus* (1936) [*A miséria do historicismo*]; *Die offene gesellschaft und ihre feinde* (1945) [*A sociedade aberta e seus inimigos*].

Popper foi um proeminente filósofo da ciência, que também fez importantes contribuições para a filosofia política. Marxista em sua juventude em Viena (onde era amigo de F. A. Hayek), ele logo rejeitou o dogmatismo e o uso da violência dos marxistas. Por alguns anos ele permaneceu um socialista idealista, mas veio a rejeitar o igualitarismo como incompatível com o valor político fundamental da liberdade. Embora continuasse a defender o papel do Estado na resolução de problemas sociais, seu antiautoritarismo, defesa do individualismo, razão, tolerância, paz e liberdade em uma "sociedade aberta" o credenciam como um verdadeiro liberal.

Popper produziu grandes críticas ao fascismo, nacionalismo, coletivismo e planejamento central. Muito disso foi baseado em sua filosofia da ciência. Ele sustentou que todo suposto "conhecimento" era de fato mera teoria, que novas evidências poderiam mais tarde se provar falsas. As alegações dos ditadores de conhecer "certa verdade" eram, portanto, vazias: ideias úteis prosperavam apenas em sociedades não autoritárias e "abertas". Isso tornou a tolerância essencial. No entanto, paradoxalmente:

> A tolerância ilimitada leva ao desaparecimento da tolerância. Se estendermos a tolerância ilimitada mesmo aos intolerantes, e se não estivermos preparados para defender a sociedade tolerante do assalto da intolerância, então, os tolerantes serão destruídos e a tolerância com ele.

Popper argumentou que os métodos falhos das ciências sociais – concentrando-se em grupos em vez de indivíduos – davam oportunidade para que líderes despóticos tornassem os indivíduos subservientes à sua própria ideia política. Eles também sugeriram que os eventos eram determinados não por indivíduos, mas por "leis" históricas – o que novamente dava falsa autoridade àqueles (como os marxistas) que alegavam entendê-las. No entanto, a sociedade era complexa, não existiam leis históricas e os resultados não intencionais de sua presunção eram sempre terríveis.

A questão política, para Popper, era: "Como podemos organizar as instituições políticas de modo que governantes ruins ou incompetentes possam ser impedidos de causar muito dano?" Sua resposta foi um sistema no qual governantes ruins poderiam ser expulsos pacificamente nas eleições. Era isso que justificava uma democracia limitada, já a sua forma específica era muito menos importante.

[86] Ayn Rand **(1905-1982)**: romancista e moralista russo-americana.

Ideias-chave: verdade encontrada por meio do pensamento objetivo; ética baseada na vida; princípios políticos fundados na ética; criatividade e progresso requerem liberdade.

Obras-chave: *The fountainhead* (1943) [*A nascente*]; *Atlas Shrugged* (1957) [*A revolta de Atlas*].

Ayn Rand, junto com Isabel Paterson e Rose Wilder Lane, foi uma das principais precursoras do libertarianismo americano moderno, muito embora ela rejeitasse o rótulo de "libertária" e classificasse a si própria como uma "individualista radical" e "radical apoiadora do capitalismo". Das três, Rand é a mais lembrada atualmente, em grande parte devido aos seus romances extremamente populares, *The fountainhead* (1943), no qual o arquiteto Howard Roark luta contra burocratas que se confrontam com sua visão radical, e *Atlas Shrugged* (1957), no qual empreendedores respondem aos controles sufocantes de um governo ganancioso, fechando seus negócios e estabelecendo sua própria sociedade alternativa. Tal é a popularidade desses romances que, a cada ano, eles atraem milhares de pessoas (principalmente jovens) para o mundo das ideias individualistas. Uma pesquisa realizada na Biblioteca do Congresso em 1990 apontou o romance *Atlas Shrugged* como o livro mais influente nos EUA, depois da Bíblia.

Filha de um farmacêutico russo de origem judaica que vivia em São Petersburgo, Rand tinha 12 anos quando eclodiu a Revolução Russa. Sua família considerada "burguesa" decidiu fugir para escapar dos combates, abrindo caminho para que bolcheviques se apoderassem do negócio de seu pai. A injustiça de pessoas trabalhadoras serem expropriadas em benefício de elementos indignos se tornaria um tema-chave em muitos dos escritos posteriores de Rand. Após a Revolução, Rand estudou história e filosofia na Universidade Estadual de Petrogrado e, em seguida, cinema (*screenwriting*) no Instituto Estadual de Artes Cinematográficas. Nesse período, ela obteve um visto para estudar a indústria cinematográfica dos EUA e, em Hollywood, conheceu e se casou com um ator americano, Frank O'Connor, tornando-se cidadã americana em 1931.

Em Nova York, onde sua primeira peça estava sendo exibida, Rand se tornou amiga de Isabel Paterson e conheceu Ludwig von Mises. Ela começou a escrever os romances *We the living* (1936), que descrevia a supressão do indivíduo pelo Estado na Rússia soviética, e *Anthem* (1938), ambientado em um futuro totalitário sombrio. Logo depois, *The fountainhead* (1943) se tornou um sucesso popular e foi transformado em um filme estrelado por Gary Cooper, que atraiu uma multidão de apoiadores – entre eles o futuro presidente do Federal Reserve dos EUA, Alan Greenspan (1926-), que conheceu e discutiu suas ideias em um grupo ironicamente apelidado de "O Coletivo". *Atlas Shrugged* (1957) tornou-se um *best-seller* apesar das críticas desfavoráveis, atraindo milhões para suas principais mensagens de individualismo, capitalismo *laissez-faire* e autodeterminação.

Os romances de Rand, juntamente com suas obras de não ficção, como *For the new intellectual* (1961) e *The virtue of selfishness* (1964), encapsulam seu sistema filosófico, conhecido como objetivismo, que apregoa um código de ética construído com base no autointeresse racional. Como seus heróis filosóficos Aristóteles (384-322 a.C.) e Tomás de Aquino, Rand derivou seu sistema de verdades supostamente autoevidentes. Ela afirmou que a realidade era objetiva, fora da mente humana, enquanto a consciência era a maneira como percebemos as coisas que existem e a razão era como as entendemos. A razão era, portanto, essencial à existência humana, e aquilo que nos define como seres humanos, logo, quando negligenciamos a razão, traímos nossa humanidade.

O propósito moral mais elevado dos indivíduos racionais era a autorrealização. As pessoas devem se esforçar para alcançar sua própria felicidade – não a gratificação instantânea, mas o aprimoramento racional, pacífico e de longo prazo de suas próprias vidas e valores. Rand condenou os códigos morais construídos, que ela enxergava meros fundamentos irracionais, como religião, coletivismo e altruísmo. A paz e o progresso não vieram do autossacrifício, mas da busca de nosso próprio interesse racional, da afirmação de nossos próprios direitos e de nosso respeito pelos direitos semelhantes dos outros. Em suas palavras:

> Minha filosofia, em essência, consiste na defesa do homem como um ser heroico, com sua própria felicidade como o propósito moral de sua vida, com a realização produtiva como sua atividade mais nobre e a razão como seu único absoluto.

Os seres humanos racionais eram responsáveis por suas próprias ações – responsáveis pelas consequências dessas ações e igualmente com direito a seus frutos. Nada poderia ser legitimamente tirado deles pela força, pois a força é a antítese da razão e viola seus direitos. Mas entre indivíduos racionalmente autointeressados – como aqueles em *Atlas Shrugged* que partem para criar sua própria comunidade – não haveria conflito e não haveria necessidade de autossacrifício. Eles saberiam que cada um poderia se beneficiar dos talentos de outros indivíduos autointeressados por meio de acordos e trocas mutuamente benéficas. Os heróis de Rand, na ficção e na realidade, eram pessoas que afirmavam sua individualidade e que – não por altruísmo, mas por seu próprio interesse racional – inventaram tecnologias, criaram arte e literatura, avançaram ideias e construíram negócios.

Rand argumentou que a razão, a característica que definia nossa humanidade, implicava egoísmo, que por sua vez implicava capitalismo. Ela via o capitalismo *laissez-faire* como o único sistema econômico consistente com os direitos individuais à vida, liberdade e propriedade e, portanto, o único sistema capaz de protegê-los e o único sistema com alguma posição moral.

Para defender ainda mais nossos direitos naturais e desencorajar a violência, Rand defendeu um governo constitucional limitado e condenou o libertarianismo por suas tendências anarquistas. Isso criou grandes divergências com outros ativistas pró-liberdade, como Murray Rothbard, e entre os próprios objetivistas. Hoje, no entanto, o ideal otimista de Rand, no qual as pessoas não seguem o rebanho, mas levam vidas ricas, satisfatórias e independentes, atrai um grande número de movimentos de matriz liberal de todos os espectros. Como diz o ditado: geralmente se começa com Ayn Rand.

[87] Isaiah Berlin **(1909-1997)**: filósofo letão-britânico.

Ideias-chave: inexistência de uma verdade moral ou política única; liberdade positiva e negativa.

Obras-chave: *Two concepts of liberty* (1958) [*Dois conceitos de liberdade*]; *Four essays on liberty* (1969) [*Quatro ensaios sobre a liberdade*].

Após a revolução russa, a família de Berlin fugiu para a Grã-Bretanha, onde mais tarde ele ganhou uma bolsa de estudos para estudar na Universidade de Oxford. Os horrores infligidos pelos comunistas em sua casa durante a infância em Riga o deixaram com aversão à tirania ao longo de toda a sua vida, fato que o tornou um dos principais defensores do pluralismo e da tolerância.

Nenhum modelo, visão ou ideologia, argumentou ele, poderia encapsular a enorme diversidade e dinamismo das ideias, valores e história humanos. Não havia um único princípio moral verdadeiro, nenhum padrão fixo pelo qual a ação pudesse ser julgada, pois a vida era um compromisso constante entre valores diferentes e muitas vezes conflitantes, como liberdade e igualdade. A história não foi determinada por leis científicas ou por grandes forças impessoais como pensavam os marxistas, porquanto a vida e a história humana eram diversas e imprevisíveis.

Em seu livro *Two concepts of liberty* (1958), Berlin distinguiu entre liberdade positiva e negativa. A liberdade negativa, exemplificada na obra de John Locke e John Stuart Mill, defendia o direito das pessoas de agir sem restrições. Por outro lado, a liberdade positiva, significa que as pessoas não poderiam ser verdadeiramente livres a menos que pudessem moldar seu próprio destino e alcançar a autorrealização. Embora Berlin visse mérito em ambos os conceitos, e embora tenhamos um desejo natural de ajudar os outros a viver vidas plenas, ele temia que a ideia de liberdade positiva estivesse sendo usada por ideólogos para minar, não complementar, a liberdade negativa que era a pedra angular do liberalismo clássico. Ele explorou ainda mais esse tema em *Four essays on liberty* (1969).

[88] Ronald Coase (1910-2013): economista inglês, teórico jurídico e ganhador do prêmio Nobel.

Ideias-chave: custos de transação; direitos de propriedade e resultados de mercado.

Obras-chave: *The nature of the firm* (1937) [*A natureza da firma*]; *The problem of social cost* (1960) [*O problema do custo social*].

Apesar de inicialmente desejar ser um advogado, o seu o período de estudo na London School of Economics o convenceu a se tornar um economista. Atualmente, Coase é um dos poucos economistas a ter um teorema com seu nome. No entanto, mesmo desistindo do direito, o seu trabalho se concentrou em como leis e instituições afetam os resultados do mercado. Ao longo se sua carreira, foi editor do *Journal of Law and Economics* e ganhou o Prêmio Nobel por seus *insights* em dois artigos de destaque.

Seu trabalho *The nature of the firm* (1937) mostrou como o tamanho e a estrutura das empresas dependiam dos custos de transação – tais quais os custos para encontrar fornecedores e clientes, custos de negociação e os custos de adimplemento dos contratos. Segundo ele, a tecnologia poderia alterar drasticamente esses custos, levando ao surgimento de estruturas de mercado completamente novas, como é o caso da "economia compartilhada" atualmente.

Em *The problem of social cost* (1960), Coase delineou seu teorema de que não poderia haver falha de mercado em mercados "perfeitamente competitivos". Os mercados falhavam quando os direitos de propriedade não eram bem definidos, o que elevava os custos de transação (como o custo com disputas judiciais). Mesmo assim, as partes procurariam a solução mais barata e mutuamente benéfica. Assim, uma oficina barulhenta, por exemplo, poderia optar por pagar uma indenização em dinheiro aos vizinhos em vez de enfrentar batalhas judiciais pesadas. A solução para as falhas de mercado, portanto, não é necessariamente a regulação, mas a clarificação dos direitos de propriedade, o que reduz os custos de transação e possibilita o surgimento de soluções de mercado. Essa conclusão influenciou muito os debates políticos sobre questões ambientais, desde a silvicultura por meio da gestão da água até questões relacionadas à alocação do espectro de transmissão. O trabalho de Coase influenciou diretamente o de Elinor Ostrom na gestão de recursos "comuns" por meio da intervenção mínima do governo.

[89] Milton Friedman **(1912-2006)**: economista americano e ganhador do Prêmio Nobel.

Ideias-chave: teoria quantitativa da moeda; benefícios de licenciamento apenas produtores; *vouchers* escolares; oposição à regulação do estilo de vida; consequências não intencionais da intervenção na economia.

Obras-chave: *Capitalism and freedom* (1962) [*Capitalismo e liberdade*]; *Free to choose* (1980) [*Livre para escolher*].

Friedman foi um economista ganhador do Prêmio Nobel cujo trabalho sobre licenciamento para exercício de atividade profissional e política inflacionária o levou a acreditar que a regulação governamental e a gestão econômica eram contraproducentes.

Durante a maior parte de sua vida profissional, no entanto, essas visões liberais foram minoria, visto que dos anos 1930 aos 1980, a economia mundial foi dominada pela fé no planejamento e controle do governo.

Apesar disso, Friedman era um comunicador muito capaz e persuasivo acerca de suas ideias liberais. Por meio de seu livro *Capitalism and freedom* (1962) e sua série de TV e livro *Free to choose* (1980) – ambos escritos com sua esposa Rose –, milhões de pessoas vieram a aprender sobre o potencial do livre mercado, livre comércio, liberdade e capitalismo. Quando o antigo pensamento centralista foi finalmente desacreditado por seus crescentes fracassos, foram essas ideias que os substituíram, tornando-se parte da vida cotidiana de bilhões de cidadãos ao redor do mundo. "Há pouquíssimas pessoas que têm ideias suficientemente originais para alterar materialmente os rumos da civilização [...] mas Milton é uma dessas poucas pessoas", concluiu o ex-presidente do Federal Reserve dos EUA, Alan Greenspan.

Friedman nasceu no Brooklyn, Nova York, de pais imigrantes judeus húngaros. Seu pai aceitava todo o tipo de trabalho que podia, enquanto sua mãe costurava roupas em uma fábrica em Nova York. Friedman explicaria mais tarde à sua audiência da televisão em *Free to Choose* como esses postos de trabalho ofereciam aos mais pobres um passo vital na escada para o autoaperfeiçoamento. Apesar de não ser a primeira língua, a família fez questão de falar inglês em casa, e Milton acabou se destacando na escola. Ele foi aceito nas universidades de Rutgers e Chicago, onde estudou com Frank Knight.

Depois de várias nomeações para o governo, Friedman juntou-se a seu amigo George Stigler (1911-1991) – posteriormente também laureado com o Prêmio Nobel – na Universidade de Minnesota. Eles colaboraram em *Roofs or ceilings?* (1946), um repúdio pungente aos controles de aluguéis que, segundo eles, tornavam os proprietários menos dispostos a manter e alugar suas propriedades, reduzindo tanto a qualidade quanto a oferta de imóveis para locação. Na mesma época, Friedman publicou *Income from independent professional practice* (1945), mostrando que os principais beneficiários da regulamentação de profissões (como médicos, advogados e contadores) eram os próprios profissionais, e não o público a quem a regulamentação deveria atender e proteger. Como a regulamentação restringia a concorrência, os clientes acabavam pagando valores mais altos por um serviço pior. A pesquisa de Friedman sobre essas e outras questões o convenceu de que era um fato, não apenas teoria, que o capitalismo produzia maior eficiência econômica e mais liberdade e democracia do que as alternativas.

Em Chicago, Friedman lançou-se na luta contra a inflação – um problema particularmente grande nos anos do pós-guerra. Ele criticou fortemente a ortodoxia keynesiana de que os governos poderiam gerenciar a inflação, aumentar o emprego e "afinar" o crescimento econômico por meio de suas políticas tributárias e de gastos. Friedman dizia que, para controlar a inflação, os governos tinham que restringir a quantidade de dinheiro que colocavam em circulação, pois nenhuma outra ferramenta funcionaria. Essa política monetária era um instrumento muito contundente, logo os governos deveriam apenas estabelecer uma estrutura sólida e desistir de qualquer ideia de microgerenciar as coisas.

A obra *Capitalism and freedom* (1962) transformou Friedman de um economista acadêmico em um proeminente intelectual público. O livro abordava as grandes questões públicas da época, tais como política econômica, comércio, educação, discriminação, monopólio e pobreza. Influenciado pelas ideias de John Stuart Mill e F. A. Hayek, ele argumentou que a intervenção do governo era iliberal e ineficiente. Enfatizou a dignidade do indivíduo e o papel da diversidade e variedade no estímulo ao progresso, e alertou que o poder concentrado era a maior ameaça à liberdade e à prosperidade. Suas prescrições políticas pareciam impossivelmente radicais na época, pois defendia a introdução de impostos fixos, substituição dos sistemas nacionais de pensão no estilo Ponzi por contas de poupança pessoais, privatização dos serviços de correio, fim do serviço militar obrigatório e descriminalização das drogas. No entanto, em três décadas, todas essas ideias – reprisadas em *Free to Choose* – foram implementadas em várias partes do mundo.

As ideias radicais de Friedman, mas que eram baseadas em evidências, suas explicações diretas e envolventes, bem como a sua alegria no debate, fizeram dele o queridinho da mídia, com frequentes aparições na TV. De 1966 a 1984, suas colunas regulares na *Newsweek* fizeram dele um dos comentaristas políticos mais proeminentes dos Estados Unidos. Ele usou o seu espaço para explicar por que o salário mínimo prejudicaria os jovens negros em vez de ajudá-los, bem como a razão pela qual a política atual produziria inflação e recessão ao mesmo tempo (o que os economistas tradicionais achavam impossível). Ele também apontou como as grandes empresas falavam em livre mercado, mas ao mesmo tempo prosperavam com os favores do governo.

Políticos e governos procuravam costumeiramente o seu conselho, como quando ele ajudou o governo Nixon a acabar com um quarto de século de taxas de câmbio fixas e adotou o câmbio flutuante para o dólar americano. Friedman só renunciou quando Nixon introduziu controles de salários e preços, o que ele previu que não teria um impacto positivo sobre a inflação e só prejudicaria a economia.

Após sua aposentadoria de Chicago, Friedman mudou-se para a Califórnia, onde um cineasta empreendedor propôs uma série documental multimilionária na qual apresentaria suas próprias ideias sociais, econômicas e políticas. Em cada segmento de meia hora, Friedman simplesmente explicava suas ideias em sua habitual maneira fluente e sincera, sem roteiro, tendo como pano de fundo diversos locais do mundo – das Américas ao extremo Oriente. A série *Free to Choose* se tornou um sucesso instantâneo e foi exibida em todo o mundo. O livro de mesmo nome vendeu mais de um milhão de cópias. Essas iniciativas trouxeram as ideias liberais de Friedman para um novo público gigantesco, incluindo políticos que liderariam seus países após o colapso do pensamento antigo. "As pessoas da Índia e da China podem não perceber [...] mas a pessoa a quem mais devem pela melhoria de sua situação é Milton Friedman" – comentou o economista ganhador do Nobel Gary Becker.

[90] James M. Buchanan **(1919-2013)** e *[91] Gordon Tullock* **(1922-2014)**: Buchanan economista americano e Tullock economista político americano e teórico do direito.

Ideias-chave: *public choice* [escolha pública]; interesses particulares de eleitores, políticos e funcionários públicos; a falha do governo pode ser pior do que a falha de mercado.

Obras-chave: *The calculus of consent* (Buchanan, 1962) [*O cálculo do consentimento*]; *The vote motive* (Tullock, 1976) [*O motive do voto*].

Buchanan e Tullock desenvolveram e promoveram a *Public Choice* (escola de economia da Escolha Pública, que demonstra como o interesse particular dos eleitores, políticos e funcionários públicos afeta a natureza e a eficiência da tomada de decisões do governo). Buchanan recebeu um Prêmio Nobel por seu trabalho sobre esse assunto.

Buchanan se formou em uma faculdade local do Tennessee antes do serviço militar, mas posteriormente foi para a Universidade de Chicago, onde o proeminente economista Frank Knight o converteu em um "zeloso defensor da ordem do mercado".

Tullock se formou em direito após o serviço militar e ingressou no Serviço de Relações Exteriores, trabalhando em vários cargos no Extremo Oriente, antes de lecionar no Instituto Politécnico da Virgínia, onde Buchanan mais tarde se juntou a ele. Reunindo seus talentos em economia e administração pública, a dupla fundou o Centro para o Estudo da Escolha Pública (que mais tarde se mudou para a Universidade George Mason). Eles também colaboraram em um livro pioneiro, *The calculus of consent* (1962), e criaram a revista *Public Choice*.

A teoria da Escolha Pública desafiou as suposições ingênuas dos "economistas do bem-estar social" predominantes até então, que acreditavam que as falhas de mercado eram comuns e precisavam da intervenção do governo para corrigi-las ou compensá-las. Esses economistas assumiam que a política pública era desenhada de forma racional e eficiente, enquanto Buchanan e Tullock, no entanto, argumentavam que a racionalidade e a eficiência na tomada de decisões públicas eram minadas em todos os pontos pelo interesse próprio e pela própria natureza das instituições políticas.

O resultado das eleições, por exemplo, não era objetivamente "correto", mas (como Condorcet mostrou) dependia das regras pelas quais as eleições eram conduzidas. Assim, uma regra de maioria simples facilitava a tomada de decisões – mas permitia que apenas 50% + 1 explorassem a minoria. Uma regra de maioria qualificada (digamos, dois terços ou mesmo unanimidade) dificultava a tomada de decisões – mas protegia as minorias.

As eleições, em todo caso, não eram testes de "interesse público", mas disputas de interesses concorrentes. Grupos de interesse específicos, com interesse forte e compartilhado em determinados resultados, tinham mais domínio nas eleições do que o público em geral, cujos interesses eram difusos e moderados. Eles conduziam a agenda política, uma vez que os políticos tinham que pleitear seu apoio para construir as coalizões que os elegeram. Isso, disse Tullock, encorajava o *rent-seeking* (busca de renda), onde empresas e grupos faziam *lobby* por leis e regulações que os protegeriam ou os beneficiariam. De fato, um investimento bem pequeno em *lobby* pode gerar enormes retornos financeiros para um grupo de interesse específico.

Os políticos também recorreriam ao *logrolling* para conseguir que suas medidas passassem pelo legislativo. Essa estratégia de "você apoia minha ideia e eu apoio a sua" significa que acabamos com mais legislação do que o necessário. Por fim, os burocratas que aplicam as leis também impõem seus próprios interesses ao processo – por exemplo, complicando ainda mais as regulamentações para construir seus próprios impérios ou aumentar as oportunidades de corrupção.

Buchanan e Tullock concluíram que a situação que emergiu desse processo político, poderia muito bem ser mais danosa do que o problema que ela supostamente deveria resolver. Devemos lembrar que, embora haja falhas de mercado, também há falhas de governo.

[92] Murray Rothbard **(1926-1995)**: economista americano e teórico político.

Ideias-chave: anarcocapitalismo; emissão gratuita de moeda.

Obras-chave: *Man, economy and State* (1962) [*Indivíduo, economia e Estado*]; *For a new liberty* (1973) [*Por uma nova liberdade: o manifesto libertário*].

Rothbard foi o principal arquiteto do anarcocapitalismo. Ele considerava o monopólio do Estado sobre a coerção como a maior ameaça à liberdade individual e ao bem-estar público. O Estado era "a organização criminosa especializada no roubo sistematizado e em larga escala", e leis que supostamente serviam ao bem público foram criadas em benefício dessa "quadrilha" que eram os legisladores.

> Tributação é roubo, pura e simplesmente [...] mesmo que seja uma espécie de roubo em colossal escala, do tipo que nem o mais famoso dos criminosos pudesse sequer sonhar em atingir.

Rothbard acreditava que tudo fornecido pelo "sistema de monopólio do Estado corporativo" poderia ser mais bem fornecido por agências privadas. Seu modelo anarcocapitalista previa o surgimento de uma variedade de agências de proteção privada que competiriam para oferecer serviços de defesa popular, policiamento e judiciário. Isso acabaria com o monopólio do Estado sobre a justiça e o uso da força. Os poderes coercitivos do Estado eram imorais, pensava Rothbard, porque davam às autoridades um privilégio especial, violando o princípio moral da igualdade de tratamento delineado por Immanuel Kant. Por exemplo, policiais que prendem usuários de drogas (violando seu direito de autopropriedade) deveriam ser acusados de sequestro.

Rothbard fundiu essas visões individualistas sobre direitos e sua rejeição anarquista do Estado com a economia *laissez-faire* de Ludwig von Mises. Ele viu o monopólio do Estado sobre a emissão de moeda como uma fraude particularmente destrutiva, incentivando expansões excessivas de crédito que criariam bolhas, com suas fases de expansão e estouro, como Mises e F. A. Hayek haviam explicado. Consequentemente, ele se opôs aos bancos centrais, sistema de reservas fracionárias e dinheiro fiduciário, que ele descartou como "falsificação legalizada" e peculato. Em vez disso, ele defendeu um sistema de reservas bancárias integrais, padrão-ouro voluntário ou moedas privadas concorrentes. Para ele,

> o libertarianismo sustenta que o único papel adequado da violência é defender a pessoa e a propriedade contra a violência, e que qualquer uso de violência que vá além dessa defesa é em si agressivo, injusto e criminoso.

CAPÍTULO IX

Pensadores liberais contemporâneos

✦ • ✦

Os liberais trabalharam muito para manter a chama do liberalismo acesa após a Segunda Guerra Mundial e nas décadas seguintes. Quando os resultados funestos do coletivismo se tornaram aparentes, eles conseguiram desenvolver uma narrativa completa sobre as deficiências do socialismo e a racionalidade de sua própria abordagem, além de também criar um impressionante arsenal de armas políticas para restabelecer políticas econômicas e sociais liberais, tais quais impostos fixos, bancos centrais independentes, planos de pensão individuais, arbitragem privada, desregulamentação de profissões, privatização de indústrias estatais, uma democracia onde fosse possível a propriedade de capital e muito mais.

Quando o Muro de Berlim caiu em 1989, o público ocidental pôde ver por si mesmo como a vida tinha sido terrível sob o comunismo. Por fim, uma grande ameaça à própria existência das ordens liberais havia sido removida. No entanto, infelizmente essa grande ameaça foi substituída por outras ameaças igualmente prejudiciais, tais como regulamentação progressiva, populismo, aumento do governo e uma classe política em ascensão. Os liberais contemporâneos ainda tinham muitos problemas para resolver.

[93] Gary Becker (1930-2014): economista americano e ganhador do Prêmio Nobel.

Ideia-chave: aplicação da economia a questões sociológicas.

Obras-chave: *Human Capital* (1964) [*Capital Humano*]; *The economics of discrimination* (1971) [*A economia da discriminação*].

Aluno de Milton Friedman, que se tornou um dos principais expoentes da escola de economia de Chicago, Becker recebeu o Prêmio Nobel "por ter estendido o domínio da análise microeconômica a uma ampla gama de comportamentos e interações humanas". Ele aplicou princípios econômicos, como custo, benefício, preço e investimento, a diversas partes da vida humana que eram tradicionalmente consideradas questões de instinto, cultura ou emoção. Isso incluía assuntos como educação, crime, imigração, drogas, transplantes de órgãos e discriminação racial.

Essa análise teve implicações importantes para as políticas públicas. Por exemplo, Becker mostrou que a discriminação contra minorias seria menor em mercados mais competitivos. As leis destinadas a impedir que as empresas discriminassem eram contraproducentes, mas o melhor era que as empresas pertencentes a minorias pudessem competir cortando custos e aumentando a produtividade e a qualidade, o que levaria a um maior emprego de minorias.

Sobre o crime, Becker argumentou que a criminalidade nem sempre era produto de algum trauma psicológico ou mental, mas que os criminosos faziam julgamentos racionais sobre os ganhos do crime, comparados com as chances de apreensão, condenação e punição. Penas mais altas e melhor fiscalização seriam mais eficazes do que a política iliberal de maior vigilância.

Becker fez grandes avanços no que concerne à ideia de capital humano. A educação, ele mostrou, não era apenas um bem cultural, mas um investimento pessoal em si mesmo, destinado a aumentar a produtividade. Assim, a demanda por educação poderia ser analisada em termos econômicos e não apenas culturais. Outros investimentos em capital humano incluíram treinamento, experiência de trabalho e até estilos de vida saudáveis.

Becker aplicou sua abordagem à democracia, especificamente à exploração de terceiros por parte de grupos de interesse. À medida que os ganhos dos *rent seekers* (buscadores de renda) aumentassem, argumentou ele, as perdas para os outros aumentariam exponencialmente. Eventualmente, espremidos além do suportável, eles reagiriam violentamente – outro argumento para que o governo e sua capacidade de regular e conceder favores fossem limitados.

[94] Israel Kirzner **(1930-):** economista americano.

Ideias-chave: importância do empreendedorismo; importância da dinâmica na teoria econômica.

Obras-chave: *Competition and entrepreneurship* (1973) [*Competição e empreendedorismo*]; *Discovery, capitalism and distributive justice* (1989) [*Descoberta, capitalismo e justiça distributiva*].

Filho de um erudito e rabino judeu, Kirzner nasceu em Londres. Sua família mudou-se para a Cidade do Cabo e depois para Nova York, onde estudou com Ludwig von Mises. Ele escreveu sobre história econômica e ética dos mercados, mas sua principal contribuição para o pensamento liberal é seu trabalho sobre o papel e a importância do empreendedorismo no processo econômico.

Em *Competition and entrepreneurship* (1973), Kirzner criticou o modelo neoclássico de competição perfeita como sendo enganosamente estático. A economia, explicou ele, era um processo dinâmico no qual as pessoas ajustavam suas ações e corrigiam seus planos, em resposta às mudanças nas ações dos outros. A teoria econômica tradicional, com foco no "equilíbrio" – e não em como os mercados poderiam alcançá-lo – não explicava como as ações econômicas das pessoas eram realmente coordenadas por meio desse constante processo de ajuste mútuo.

Uma parte fundamental desse processo era o empreendedorismo, quando as pessoas (não necessariamente empreendedores profissionais, mas também pessoas comuns) identificavam lacunas e desencontros no mercado e, em seguida, agiam para preenchê-los e corrigi-los. Isso, por sua vez, sugeria que o ajuste e a coordenação econômica dependiam em larga medida do conhecimento local de diferentes indivíduos sobre as condições de mercado, o que contrastava com a suposição tradicional de que todos os agentes possuíam "informação perfeita". Ele também destacou a importância de criar as condições certas para que esse espírito empreendedor prospere.

Em *Discovery, capitalism and distributive justice* (1989), Kirzner se baseou nesses conceitos para elaborar uma crítica econômica da "justiça social". Os empresários, explicou ele, constantemente traziam novos recursos à existência. Era impossível alcançar igualdade duradoura por meio da redistribuição quando os recursos disponíveis para redistribuir estavam sempre mudando. Além disso, de qualquer forma, a maioria das pessoas concordaria que aqueles que criaram algo novo têm o direito de se beneficiar de sua inovação.

[95] Julian L. Simon **(1932-1998)**: professor de administração americano.

Ideias-chave: como os mercados superam a escassez; a população como um recurso positivo.

Obras-chave: *The ultimate resource* (1981) [*O recurso final*]; *The resourceful earth* (1984) [*A terra e seus recursos*].

Simon foi o principal crítico da visão convencional de que os recursos do mundo estavam se esgotando por causa da superpopulação e da superexploração. Na realidade, segundo ele, uma lista com 156 recursos estava ficando cada vez mais barata. O aumento geral da riqueza e a evolução tecnológica possibilitaram a exploração de novos recursos, o reaproveitamento de recursos antigos e o desenvolvimento de novas alternativas para recursos escassos.

De acordo com Simon, os preços dos metais no longo prazo ilustravam exatamente essa questão, pois naquele momento se encontravam estáveis ou caindo. Firme em sua convicção, ele fez uma aposta, que ficou posteriormente famosa, com o biólogo americano Paul R. Ehrlich (1932-), um dos principais defensores da visão convencional sobre a superpopulação e superexploração. Na aposta, Ehrlich poderia escolher uma seleção de cinco metais diferentes, que independentemente de quais fossem, de acordo com Simon, ao longo de uma década, todos estariam mais baratos. O desfecho do desafio não poderia ter sido diferente: dez anos depois, sem avisar, Ehrlich enviou a Simon o valor referente à aposta, devidamente acompanhado de um descritivo contendo os cálculos.

Simon rejeitou a ideia – popularizada por Thomas Malthus (1766-1834) – de que uma população crescente criaria dificuldades econômicas. Como ele explicou em *The ultimate resource* (1981) e outros livros, uma população crescente não era um dreno de recursos, mas na verdade uma solução para problemas de escassez, porque as pessoas naturalmente inovam. As instituições humanas, no entanto, são tão cruciais quanto as mentes humanas, e o verdadeiro problema não era o crescimento da população, mas as muitas restrições à sua liberdade. Um intrépido defensor dos mercados, Simon sugeriu que as companhias aéreas deveriam oferecer aos viajantes incentivos em dinheiro para deixarem voos com *overbooking*, ao invés de simplesmente selecionar aleatoriamente aqueles que não poderiam embarcar – uma prática que inicialmente era apenas tolerada pelos órgãos de regulação, mas que agora é utilizada rotineiramente no modelo de negócios dessas empresas.

[96] Elinor Ostrom (1933-2012): cientista política americana.

Ideia-chave: ordem espontânea na gestão de bens públicos.

Obra-chave: *Governing the commons* (1990) [*Governando os bens comuns*].

O trabalho vencedor do Prêmio Nobel de Ostrom sobre como os recursos comuns são mais bem administrados se iniciou quando ela ajudou seu futuro marido, Vincent Ostrom, em sua pesquisa sobre gestão de recursos hídricos no sul da Califórnia. A economia tradicional sugeria que os recursos comuns – como pesca, campos de petróleo, pastagens, florestas ou abastecimento de água – seriam superexplorados, a menos que a regulação estatal impedisse que isso acontecesse. A pesquisa de Ostrom, incluindo estudos na África e no Nepal, mostrou que essa proposição era falsa. Na verdade, os usuários muitas vezes criaram seus próprios métodos de gerenciamento de ecossistemas no longo prazo – soluções que as intervenções nas políticas públicas podem facilmente atrapalhar.

Ostrom mostrou que as sociedades desenvolvem diversas formas de proteger seus ecossistemas por meio de associações civis voluntárias. Estas dependem de comunicação, confiança e cooperação entre os usuários, apoiados pelo monitoramento eficaz, sanções e resolução de disputas. Como as circunstâncias locais são críticas, as decisões são tomadas melhor localmente, e não em nível nacional. Os serviços policiais foram um exemplo. As cidades muitas vezes acreditavam que as pequenas forças policiais locais eram um desperdício e ineficientes e logo as centralizaram em unidades muito maiores. Não obstante, Ostrom mostrou que isso não economizou dinheiro nem reduziu o crime – muito pelo contrário.

A gestão local e "policêntrica" pode parecer uma miscelânea, mas funciona, concluiu Ostrom. A diversidade tanto das condições locais quanto das pessoas envolvidas pode ser perdida em órgãos governamentais superiores. O gerenciamento policêntrico permitiu que as decisões fossem tomadas mais rapidamente e mais próximas da realidade. Assim, ela concluiu que devemos ser cautelosos, portanto, ao depositar muita confiança no Estado para administrar nossas vidas.

[97] Walter Williams **(1936-)**: economista afro-americano e teórico político.

Ideias-chave: libertarianismo social, político e econômico; *laissez-faire* como o sistema moral mais robusto e produtivo do mundo; natureza contraproducente das leis raciais.

Obra-chave: *The State against blacks* (1982) [*O Estado contra os negros*].

Em uma grande produção de livros e artigos, Williams tornou-se um dos principais defensores das ideias sociais, políticas e econômicas libertárias. Ele adotou uma linha robusta em muitas questões, como o princípio liberal clássico da autopropriedade. Uma parte essencial da propriedade é que você pode vender ou doar o que possui, portanto, disse Williams, não deveria haver lei contra a venda de seus próprios órgãos. Ele foi igualmente incisivo na política econômica, dizendo que o monopólio dos bancos centrais sobre a moeda de um país era efetivamente uma licença para falsificar.

Williams argumentou que o livre mercado e o *laissez-faire* eram o sistema mais moralmente robusto e produtivo já inventado pela humanidade. Antes do capitalismo, explicou ele, uma minoria de pessoas adquiria riqueza saqueando e escravizando outros. O capitalismo, por outro lado, permitiu que todos adquirissem riqueza por meio da troca de serviços e produtos.

A pesquisa de Williams, apresentada em seu livro *The State against blacks* (1982), demonstrou que as intervenções governamentais para aumentar o emprego de minorias (como a política de salários-mínimos e ações afirmativas) eram contraproducentes. Por exemplo, ao aumentar o custo de empregar pessoas, o salário mínimo tornou os empregadores mais relutantes em aceitar minorias, que tendiam a ter uma educação mais modesta e menos qualificações. Tais leis, ele concluiu, eram piores do que fanatismo e discriminação – uma crítica ainda mais poderosa pelo fato de seu autor ser negro.

[98] Robert Nozick (1938-2002): filósofo americano.

Ideias-chave: o Estado minarquista; anterioridade dos direitos naturais e morais em relação às instituições; direitos morais naturais dos indivíduos são anteriores às instituições jurídicas; nenhum cálculo racional pode justificar a redistribuição; não existe nenhum estoque fixo de riqueza a ser repartido.

Obra-chave: *Anarchy, State and Utopia* (1974) [*Anarquia, Estado e Utopia*].

Nozick, que passou a maior parte de sua vida profissional em Harvard, é mais lembrado por sua obra *Anarchy, State and Utopia* (1974). A defesa intransigente do Estado mínimo foi um choque para o *establishment* acadêmico. O Estado, argumentou Nozick, está devidamente limitado a proteger os direitos individuais da vida, liberdade, propriedade e cumprimento dos contratos. Assim, ele não pode usar seu poder para redistribuir riqueza ou renda, direcionar o estilo de vida das pessoas, fazê-las agir moralmente ou impedir que se automutilem, por exemplo. De acordo com ele, nenhum outro arranjo seria suficiente para conceber um estado moral que maximizaria o benefício de seus membros individuais.

Os direitos individuais são os limites morais de como as pessoas podem tratar umas às outras. Eles existem mesmo antes de qualquer "contrato social" ter sido assinado e, por isso, não podemos violá-los moralmente, seja qual for o motivo. Por exemplo, não podemos forçar algumas pessoas a sacrificar suas propriedades, pagando tributos para promover o "bem geral da sociedade" porque não há entidade social com um bem próprio a promover, antes, existem apenas os indivíduos que compõem essa comunidade, cada um com interesses diferentes. E, como insistiu Immanuel Kant, os indivíduos são fins, e não meios, logo, não podemos abusar de uma pessoa em benefício de outras. "Nenhum ato visando o equilíbrio moral pode ocorrer entre nós", concluiu Nozick. "Não há compensação moral que justifique o sacrifício de uma vida por outras e que leve a um grande bem maior geral. Não existe sacrifício justificado de alguns pelo bem dos outros".

Embora Nozick, como John Locke, tenha partido da ideia da existência de direitos naturais, eles chegarão a conclusões diferentes. Por exemplo, Nozick não considerava os direitos inalienáveis, pois as pessoas poderiam consentir voluntariamente em contratos que as escravizassem. Ele também acreditava que Locke estava errado ao presumir que algum tipo de contrato social era necessário para que as instituições civis surgissem, pois como Adam Ferguson e Adam Smith apontaram, a psicologia social humana é tal que arranjos mutuamente benéficos podem surgir espontaneamente.

Anarcocapitalistas como Murray Rothbard pensavam que o que surgiria, na ausência de força, seria uma variedade de agências privadas, cada uma delas contratando pessoas para prestar serviços de defesa e justiça que protegessem seus direitos. Nozick, no entanto, argumentou que não haveria tal diversidade, pois o que acabaria por emergir desse processo espontâneo seria uma única agência prestando esses serviços – efetivamente, um Estado. No entanto, para que os direitos básicos dos indivíduos permaneçam respeitados, o poder desse Estado deve ser limitado, uma vez que ele existiria apenas para defender os direitos dos indivíduos, protegê-los de coerção, roubo e fraude e garantir que os contratos voluntários sejam cumpridos e nada mais. Nozick insistiu, no entanto, que esse Estado mínimo ainda maximiza o benefício mútuo que pode ser alcançado sem violar os direitos de ninguém. Ninguém poderia fazer melhor deixando tal arranjo e criando algum outro próprio.

Anarchy, State and Utopia foi um contra-ataque à teoria da Justiça de John Rawls, que usava uma abordagem de contrato social para promover o "bem maior para os menos favorecidos". Essa política, disse Rawls, era necessária para manter a coesão social, mas Nozick rejeitou isso como mero preconceito moral de Rawls, pois contanto que os direitos de ninguém fossem violados, os melhores têm todo o direito às suas vantagens, como mostrou seu exemplo de "Wilt Chamberlain". Suponha que comecemos com uma distribuição "justa", ele sugeriu, mas imagine também que exista um astro do basquete chamado Wilt Chamberlain, e que milhares de pessoas pagam de bom grado para vê-lo jogar. Ele termina a noite com muito mais dinheiro, e eles terminam com um pouco menos. Os dois agora são financeiramente desiguais – mas a mudança foi puramente voluntária. Se partimos de uma distribuição justa, concluiu Nozick, e (como neste caso) ninguém age injustamente, então a distribuição resultante, por mais desigual que seja, também deve ser justa. Para criar e manter qualquer distribuição particular (como a igualdade financeira), o Estado não só teria que infringir os direitos das pessoas, tirando à força de alguns para beneficiar outros, mas também teria que repetir essa injustiça todos os dias.

Riqueza não é algo que simplesmente existe para ser compartilhado dessa maneira, insistiu Nozick, mas algo que as pessoas criam através de seu esforço, habilidade, empreendedorismo e talento. Médicos pesquisadores que descobrem a cura para uma doença séria, por exemplo, têm todo o direito de cobrar o valor que desejarem por ela, pois, ao fazerem isso, não prejudicaram ninguém no processo – apenas adicionaram possibilidades benéficas à equação.

Outro exemplo de Nozick mostra o quão mínimo ele acreditava que o Estado deveria ser. Uma pessoa trabalha duro e ganha dinheiro, enquanto a outra fica sem um tostão por viver a vida somente descansando e tomando sol. Por que deveríamos pensar que é mais justificável tirar dinheiro (através de impostos) do primeiro do que tirar tempo de lazer (através do trabalho forçado) do segundo? Não havia diferença, concluiu Nozick, a tributação era uma forma de escravidão e isso era uma violação de nossos direitos.

[99] Hernando de Soto Polar (1941-): economista peruano.

Ideia-chave: importância dos direitos de propriedade e das instituições no desenvolvimento.

Obras-chave: *The other path: the invisible revolution in the third world* (1986) [*O outro caminho: a revolução invisível no terceiro mundo*]; *The mystery of capital* (2000) [*O mistério do capital*].

Filho de um diplomata peruano, de Soto e sua família se exilaram na Europa após o golpe militar de 1948. Ele retornou ao Peru trinta anos depois e estabeleceu o Institute for Liberty and Democracy, um *think tank* que teria uma influência significativa na economia do Peru nos anos seguintes. As políticas defendidas incluíram cortes na burocracia e o estabelecimento de direitos de propriedade que permitiram que alguns dos peruanos mais pobres iniciassem e possuíssem negócios legalmente, em vez de ficarem presos na economia informal.

O excesso de regulamentação e a falta de direitos de propriedade, argumentou ele, dificultavam a criação de negócios legalmente constituídos e, por isso, muitas pessoas optavam por negócios informais, que não podiam ser expandidos, uma vez que a expansão atrairia a atenção das autoridades (muitas vezes corruptas). Além disso, sem possuir um registro ou título de seus negócios, terras e casas, os mais pobres não tinham nada para garantir empréstimos para investir em seus empreendimentos. Seu capital, disse de Soto, era capital morto – real, mas inutilizável porque estava fora da lei. Trabalhando com os governos, de Soto conseguiu arquitetar reduções substanciais na papelada necessária para iniciar um negócio e distribuir títulos de propriedade para pequenos agricultores e empreendedores. O aumento da prosperidade entre alguns dos peruanos mais pobres teve o efeito indireto de privar o movimento de guerrilha Sendero Luminoso de apoio financeiro – levando a um ataque a bomba nos escritórios do economista peruano.

De Soto também argumentou que as pessoas nos países desenvolvidos tomam como garantidas e sedimentadas instituições como direitos de propriedade, sistema legal, imparcialidade da justiça e acesso à informação. Como resultado, eles não conseguem entender a situação das pessoas que não desfrutam das mesmas condições. O sistema legal, por exemplo, é essencial para criar e manter títulos de propriedade, enquanto a transparência das informações é essencial para o comércio, permitindo que as pessoas verifiquem preços, crédito, títulos de propriedade e muito mais. Em muitos países mais pobres, esses benefícios estão restritos aos ricos, mas em uma economia de mercado moderna é pressuposto que eles sejam usufruídos de maneira geral.

[100] *Deirdre McCloskey* (1942-): economista e historiadora americana.

Ideia-chave: o papel dos valores liberais no crescimento econômico.

Obras-chave: *The bourgeois virtues* (2006) [*As virtudes burguesas*]; *Bourgeois dignity* (2010); *Bourgeois equality* (2016) [*A igualdade burguesa*].

A ex-marxista e jogadora de críquete Deirdre McCloskey nasceu como Donald McCloskey, mas optou por se identificar como mulher aos 53 anos. Suas publicações anteriores incluíam trabalhos sobre teoria dos preços e sobre o uso da retórica na economia. Seu maior impacto, no entanto, veio mais tarde, como resultado de seu estudo da história econômica da Grã-Bretanha, no qual ela concluiu que o enorme crescimento econômico experimentado nos últimos dois séculos pode ser explicado não tanto pelo capital ou pelas instituições, mas pela disseminação de ideias liberais – especificamente denominadas por ela como "virtudes burguesas".

McCloskey evidenciou dados interessantes sobre o crescimento econômico recente. Em 1800, por exemplo, o homem médio ganhava cerca de US$ 3 por dia. Hoje é cerca de US$ 33 (média ponderada pelas grandes populações dos países mais pobres). A população, enquanto isso, cresceu sete vezes desde 1800 – o que significa que a humanidade está produzindo mais de setenta vezes a riqueza que produzia então. Além disso, não se trata apenas de um enriquecimento material, pois com o aumento da riqueza, longevidade e alfabetização, é esperado que haja também um enriquecimento intelectual e cultural.

Esse grande enriquecimento começou por volta de 1860, mas ao contrário do que dizem alguns, ele não é explicado pelo crescimento econômico estável da Grã-Bretanha desde a Peste Negra do século XIV, nem pela Revolução Industrial que começou no final do século XVIII, nem pelas instituições e Estado de direito britânicos. Apenas ideias, insistiu McCloskey, podem mudar as coisas com tanta rapidez. O grande enriquecimento decorreu da disseminação do "liberalismo burguês" que permitiu que as pessoas comuns, pela primeira vez, usufruíssem de liberdade, dignidade e prosperidade. Durante séculos, até então, o comércio foi considerado algo desonesto e humilhante, mas escritores como John Locke e Adam Smith defendiam as virtudes da liberdade, do comércio, da acumulação de riqueza e capital, e da dignidade e autoestima que somente o comércio poderia dar aos cidadãos comuns. De repente, não havia nada que impedisse a criatividade e a iniciativa.

[101] David D. Friedman **(1945-)**: economista anarcocapitalista americano e teórico do direito.

Ideias-chave: anarcocapitalismo; lei privada; desnecessidade da anuência estatal com as leis, benefícios práticos do libertarianismo.

Obra-chave: *The machinery of freedom* (1973) [*As engrenagens da liberdade*].

David Friedman é filho do economista liberal Milton Friedman e de sua esposa Rose. Seu próprio filho, Patri Friedman (1976-), é outro teórico libertário, conhecido por seu trabalho na área de *seasteading* (criação de habitações permanentes no mar).

Friedman fez contribuições sobre a teoria dos preços e outros tópicos econômicos, mas é conhecido particularmente por sua teoria jurídica anarquista de mercado. Ele sustenta que o Estado é um mal desnecessário, e que todos os serviços estatais poderiam ser mais bem fornecidos pela economia privada competitiva, incluindo a própria lei: "Produzir leis não é um trabalho mais fácil do que produzir carros e alimentos, então se o governo é ineficiente para produzir carros ou alimentos, por que você espera que ele faça um bom trabalho produzindo o sistema legal dentro do qual você vai produzir os carros e os alimentos?" No intuito de apoiar a sua ideia, ele argumenta que a maioria das leis já é privada, com a maioria dos crimes sendo contra indivíduos privados, não o Estado (como no direito contratual e na *common law*). Seu livro *The machinery of freedom* (1973) explorou esse tema.

Essa abordagem difere da de outro líder anarcocapitalista, Murray Rothbard, que imaginava que o código legal seria acordado pelo consentimento das partes que estabelecem uma comunidade anarcocapitalista. David também difere de Rothbard em seu argumento consequencialista para o capitalismo de mercado. Enquanto Rothbard justifica o anarcocapitalismo com base nos direitos naturais invioláveis do indivíduo, Friedman acredita que quando analisamos os custos e benefícios da ação governamental, fica claro que estaríamos melhor sem ela. De modo semelhante, enquanto Rothbard via o libertarianismo como um movimento "revolucionário", Friedman preferia a privatização incremental das atividades governamentais, terminando com a privatização do próprio direito.

CONCLUSÃO
O debate liberal

✦ • ✦

O liberalismo não é uma ideologia, mas um debate permanente. Seu foco é descobrir a melhor forma de maximizar a liberdade individual. Os liberais sabem que os seres humanos não são perfeitos, nem aperfeiçoáveis, seu mundo não pode ser explicado por princípios puros, nem administrado por equações simples. Os eventos são o resultado imprevisível das ações – mas nem sempre das intenções – de seres humanos que muitas vezes são pouco racionais e nada benevolentes. Nossa melhor opção é aceitar a realidade humana e orientá-la em direções melhores.

O liberalismo também aceita que os seres humanos são diferentes e busca maximizar o espaço e a oportunidade que eles têm para perseguir seus diferentes objetivos, mas mais do que isso, ele se questiona como os cidadãos de um mundo tão diverso podem cooperar pacificamente. Sua posição inicial é a liberdade de todos pensarem, falarem, trabalharem e perseguirem seus próprios objetivos, desde que não prejudiquem outros nesse processo. Os liberais enfatizam a importância de um sistema de justiça independente para manter essa ordem. Eles apoiam a liberdade das pessoas de perseguir seus próprios objetivos à sua maneira, mesmo que autodestrutiva, sem ter que pedir permissão a alguma autoridade antes de fazer algo. Eles querem ver preservada uma esfera pessoal onde autoridades políticas não têm o direito de interferir em hipótese alguma. Aqueles que, por algum motivo, desejam relativizar essas liberdades deveriam embasar muito bem suas motivações.

Acima de tudo, os liberais de hoje são otimistas. Eles estão confiantes sobre a ordem econômica livre e confiam que a sua expansão em todo o mundo trará mais educação, maior longevidade, menos doenças e mais oportunidades – particularmente para os mais pobres, pois a tecnologia e os mercados globais aumentam a especialização e a eficiência. O desejo das pessoas de melhorar sua própria condição por meio do comércio com os outros continua forte.

Este é um mundo liberal?

No entanto, em uma era de complexidade, incerteza, volatilidade e diversidade, muitas pessoas ainda buscam nos governos proteção e segurança econômica. Em resposta, esses governos crescem – assim como o poder e o patrocínio de seus políticos e funcionários. Todo liberal conhece os perigos disso.

Infelizmente, ainda não foi possível fazer com que os detentores do poder entendessem e aceitassem os limites de sua autoridade legítima. No entanto, o apoio à liberdade econômica, política e social está se espalhando por todo o mundo, em grande parte graças à melhoria das condições de viagens, educação e comunicações e à defesa dessas liberdades que foram defendidas por gerações de pensadores liberais talentosos que entenderam o potencial do gênio criativo de pessoas livres.

101 outras citações liberais

✦ • ✦

1. "Para liderar as pessoas, caminhe um passo atrás delas". **Laozi**

2. "Só porque você não se interessa por política não significa que a política não terá interesse em você". **Péricles**

3. "A liberdade pertence apenas àqueles que têm a coragem de defendê-la". **Péricles**

4. "Cuidado com o homem de um livro só". **Tomás de Aquino**

5. "Um homem livre é aquele que, naquelas coisas que graças a sua força e engenho é capaz de fazer, não é impedido de fazer o que tem vontade de fazer". **Thomas Hobbes**

6. "O direito de natureza […] é a liberdade que cada homem possui de usar seu próprio poder, da maneira que quiser, para preservação de sua própria natureza, ou seja, de sua vida". **Thomas Hobbes**

7. "Nenhum homem que sabe alguma coisa pode ser tão estúpido para negar que todos os homens naturalmente nasceram livres". **John Milton**

8. "Os governos são constituídos e a obediência prestada apenas para a obtenção de justiça e proteção; e aqueles que não podem prover ambos dão ao povo o direito de tomar os caminhos que melhor lhe agradam, para o bem de sua própria segurança". **Algernon Sidney**

9. "Sendo os homens, por natureza, todos livres, iguais e independentes, ninguém pode ser expulso de sua propriedade e submetido ao poder político de outrem sem dar consentimento. A maneira única em virtude da qual uma pessoa qualquer renuncia à liberdade natural e se reveste dos laços da sociedade civil consiste em concordar com outras pessoas em juntar-se e unir-se em comunidade para viverem com segurança, conforto e paz umas com as outras, gozando garantidamente das propriedades que tiverem e desfrutando de maior proteção contra quem quer que não faça parte dela". **John Locke**

10. "Aquele que pensa que o poder absoluto purifica o sangue dos homens e corrige a baixeza da natureza humana precisa ler a história dessa, ou de qualquer outra época, para convencer-se do contrário". **John Locke**

11. "Cada homem tem uma propriedade em sua própria pessoa. A esta ninguém tem direito algum além dele mesmo. O trabalho de seu corpo e a obra de suas mãos, pode-se dizer, são propriamente dele. O maior e principal objetivo, portanto, da união dos homens em comunidade, colocando-se eles sob governo, é a preservação da propriedade". **John Locke**

12. "Infelizmente, o poder invade diariamente a liberdade, com um sucesso muito evidente; e o equilíbrio entre eles está quase perdido. A tirania absorveu quase toda a terra e, ataca a raiz e os galhos da humanidade, torna o mundo um matadouro; e certamente continuará a destruir, até que seja destruído ou, o que é mais provável, não tenha deixado mais nada para destruir". **Thomas Gordon**

13. "Admiro a mim mesmo por ter demonstrado que nem as qualidades amistosas e afeições bondosas que são naturais ao homem, nem as verdadeiras virtudes que ele é capaz de adquirir pela razão e pela abnegação, são o fundamento da sociedade; mas que o que chamamos de mal neste mundo, tanto moral quanto natural, é o grande princípio que nos torna criaturas sociáveis, a base sólida, a vida e o sustento de todos os ofícios e empregos sem exceção, na qual devemos procurar a verdadeira origem de todas as artes e ciências, e que no momento em que cessar, a sociedade será arruinada, se não totalmente dissolvida". **Bernard Mandeville**

14. "No estado de natureza, [...] todos os homens nascem iguais, mas não podem continuar nessa igualdade. A sociedade os faz perdê-la, e eles só a recuperam com a proteção da lei". **Montesquieu**

15. "Mas a experiência constante nos mostra que todo homem investido de poder está apto a abusar dele e a levar sua autoridade até onde for possível". **Montesquieu**

16. "A arte do governo é fazer com que dois terços de uma nação paguem tudo o que puderem pagar em benefício do outro terço". **Voltaire**

17. "Sem liberdade de pensamento não pode haver sabedoria; e não existe liberdade pública sem liberdade de expressão". **Benjamin Franklin**

18. "A liberdade de expressão é o principal pilar de um governo livre; quando esse suporte é retirado, a constituição de uma sociedade livre é dissolvida, e a tirania é erguida de suas ruínas". **Benjamin Franklin**

19. "É raro que a liberdade de qualquer tipo seja perdida de uma só vez [...] mas se a liberdade de imprensa algum dia for perdida, deve ser perdida imediatamente". **David Hume**

20. "É a mais alta impertinência e presunção, portanto, em reis e ministros fingir vigiar a economia de pessoas privadas e restringir suas despesas. [...] Eles são sempre, e sem exceção, os maiores esbanjadores da sociedade. Deixe-os cuidar bem de suas próprias despesas, e eles poderão confiar com segurança em pessoas privadas com as suas". **Adam Smith**

21. "Pouco mais é necessário para levar um Estado ao mais alto grau de opulência, desde a mais baixa barbárie, do que paz, impostos moderados e uma administração tolerável de justiça: todo o resto é provocado pelo curso natural das coisas". **Adam Smith**

22. "Ao buscar seu próprio interesse, o indivíduo frequentemente promove o interesse da sociedade de maneira mais eficiente do que quando realmente tem a intenção de promovê-lo". **Adam Smith**

23. "O esforço natural de cada indivíduo para melhorar sua própria condição é tão poderoso que é, sem qualquer assistência, capaz não apenas de levar a sociedade à riqueza e à prosperidade, mas de superar cem obstruções impertinentes com as quais a loucura das leis humanas muitas vezes sobrecarrega suas operações". **Adam Smith**

24. "A função do Estado justo é impor o mínimo de restrições e salvaguardar o máximo de liberdades do povo, e nunca considerar a pessoa como uma coisa". **Immanuel Kant**

25. "O gozo do poder corrompe inevitavelmente o juízo da razão e perverte sua liberdade. **Immanuel Kant**

26. "O exercício de uma coerção sempre torna inevitável outra". **Anders Chydenius**

27. "Aquele que assegura a sua própria liberdade deve proteger da opressão até mesmo o seu inimigo porque, se viola o seu dever, estabelece um precedente que terminará alcançando a ele próprio". **Thomas Paine**

28. "Para que um castigo seja justo, deve consistir apenas em gradações de intensidade que sejam suficientes para impedir os homens de cometer crimes". **Cesare Beccaria**

29. "Jurei diante do altar de Deus eterna hostilidade contra toda forma de tirania sobre a mente humana". **Thomas Jefferson**

30. "O espírito de resistência ao governo é tão valioso em certas ocasiões, que desejo que seja sempre mantido vivo. Muitas vezes será exercitado de maneira errada, mas é melhor do que não ser exercitado". **Thomas Jefferson**

31. "Quanto ao mal que resulta de uma censura, é impossível medi-lo, pois é impossível dizer onde termina". **Jeremy Bentham**

32. "Entre os vários apelativos nebulosos que têm sido comumente empregados como capas para o desgoverno, não há nenhum mais visível nessa atmosfera de ilusão do que a palavra "ordem". **Jeremy Bentham**

33. "O acúmulo de todos os poderes, legislativo, executivo e judiciário, nas mesmas mãos, seja de um, poucos ou muitos, seja hereditário, autoproclamado ou eletivo, pode ser justamente definido como a própria tirania". **James Madison**

34. "[Todo] poder é originalmente investido e, consequentemente, derivado do povo. Esse governo é instituído e deve ser exercido em benefício do povo, que consiste no gozo da vida e da liberdade e no direito de adquirir propriedade e, em geral, de buscar e obter felicidade e segurança". **James Madison**

35. "A crise é o grito de guerra do tirano". **James Madison**

36. "Um grande poder muitas vezes corrompe a virtude; invariavelmente torna o vício mais maligno... À medida que os poderes do governo aumentam, tanto o seu próprio caráter quanto o do povo pioram". **John Taylor de Caroline**

37. "O governo não deixará de empregar a educação para fortalecer suas mãos e perpetuar suas instituições". **William Godwin**

38. "As regulamentações governamentais são todas coercitivas até certo ponto, e mesmo quando não o são, elas habituam o homem a esperar ensino, orientação e ajuda fora de si mesmo, em vez de formular o seu próprio [caminho]". **Wilhelm von Humboldt**

39. "Toda vez que o governo tenta lidar com nossos assuntos, custa mais e os resultados são piores do que se tivéssemos tratado deles nós mesmos". **Benjamin Constant**

40. "Há uma noção bizarra segundo a qual se afirma que, pelo fato de os homens serem corruptos, é necessário dar a alguns deles ainda mais poder... quando pelo contrário, eles deveriam receber menos poder". **Benjamin Constant**

41. "Viola-se a propriedade que o homem possui em sua própria indústria, sempre que lhe for vedado o livre exercício de suas faculdades ou talentos, salvo na medida em que interfiram em direitos de terceiros". **Jean Baptiste Say**

42. "A experiência, no entanto, mostra que nem um Estado nem um banco jamais tiveram o poder irrestrito de emitir papel-moeda sem abusar desse poder; em todos os Estados, portanto, a emissão de papel-moeda deve estar sob algum controle e checagem, e nenhum parece tão apropriado para esse propósito quanto o de sujeitar os emissores de papel-moeda à obrigação de pagar suas notas em moeda de ouro ou barras de ouro". **David Ricardo**

43. "Chamo de livre aquela mente que guarda zelosamente seus direitos e poderes intelectuais, que não chama nenhum homem de senhor, que não se contenta com uma fé passiva ou hereditária, que se abre à luz de onde quer que ela venha". **William Ellery Channing**

44. "A doutrina da obediência cega e submissão incondicional a qualquer poder humano, seja civil ou eclesiástico, é a doutrina do despotismo, e não deve ter lugar entre republicanos e cristãos". **Angelina Grimke.**

45. "Enquanto a lei puder ser desviada de seu verdadeiro propósito, para que ela possa violar a propriedade em vez de protegê-la, então todos irão querer participar na sua elaboração, seja para se proteger ou para usá-la para a pilhagem. Questões políticas sempre serão prejudiciais, dominantes e absorventes. Haverá luta para obter acesso ao legislativo, bem como luta dentro dele". **Frédéric Bastiat**

46. "A vida, a liberdade e a propriedade não existem pelo simples fato de os homens terem criado leis. Ao contrário, foi pelo fato de a vida, a liberdade e a propriedade existirem antes que os homens fossem levados a criar as leis". **Frédéric Bastiat**

47. "Agora, a pilhagem legal pode ser cometida de infinitas maneiras. Assim, temos um número infinito de planos para organizá-la: tarifas, proteção, benefícios, subsídios, incentivos, tributação progressiva, escolas públicas, garantia de empregos, lucros protegidos, salários mínimos, direito ao alívio, direito às ferramentas de trabalho, crédito grátis etc". **Frédéric Bastiat**

48. "A força não é um remédio". **John Bright**

49. "A democracia amplia a esfera da liberdade individual, o socialismo a restringe. A democracia atribui todo valor possível a cada homem, o socialismo faz de cada homem um mero agente, um mero número. Democracia e socialismo não têm nada em comum além de uma palavra: igualdade. No entanto, observe a diferença: enquanto a democracia busca igualdade na liberdade, o socialismo busca igualdade na restrição e servidão". **Alexis de Tocqueville**

50. "A república americana perdurará até que os políticos percebam que podem subornar o povo com seu próprio dinheiro". **Alexis de Tocqueville**

51. "Escravize a liberdade de apenas um ser humano e as liberdades de todo o mundo serão colocadas em perigo". **William Lloyd Garrison**

52. "Se toda a humanidade, com exceção de uma pessoa, fosse de uma mesma opinião, mesmo assim, ela não estaria mais justificada em silenciar essa pessoa do que, se essa pessoa tivesse o poder, estaria justificada em silenciar a humanidade". **John Stuart Mill**

53. "A única liberdade que merece esse nome é a de buscar nosso próprio bem da nossa própria maneira, contanto que não tentemos privar os outros do seu [próprio bem], ou impedir seus esforços para obtê-lo". **John Stuart Mill**

54. "O princípio de que a maioria tem o direito de governar a minoria, praticamente reduz todo governo a uma mera disputa física entre dois homens, na qual um deles será senhor e o outro escravo". **Lysander Spooner**

55. "Vícios não são crimes". **Lysander Spooner**

56. "Nenhum governo, assim denominado, pode ser considerado razoavelmente confiável ou portador de propósitos honestos em vista, da mesma forma que não se pode supor que ele depende totalmente de apoio voluntário". **Lysander Spooner**

57. "Sou verdadeiramente livre somente quando todos os seres humanos, homens e mulheres, são igualmente livres. A liberdade de outros homens, longe de negar ou limitar minha liberdade, é, ao contrário, sua premissa e confirmação necessária". **Mikhael Bakunin**

58. "Você quer tornar impossível que alguém oprima o seu próximo? Então certifique-se de que ninguém possuirá poder". **Mikhael Bakunin**

59. "A liberdade do homem consiste unicamente em obedecer às leis da natureza porque ele mesmo as reconheceu como tais, e não porque elas lhe foram impostas externamente por qualquer vontade estranha, humana ou divina, coletiva ou individual". **Mikhael Bakunin**

60. "Se mil homens não pagassem seus impostos este ano, isso não seria uma medida tão violenta e sangrenta como pagá-los e permitir ao Estado cometer violência e derramar sangue inocente. Esta é, de fato, a definição de uma revolução pacífica, se é que é possível". **Henry David Thoreau**

61. "Nunca haverá um Estado realmente livre e esclarecido até que o Estado reconheça o indivíduo como um poder superior e independente, do qual derivam todo o seu próprio poder e autoridade, e o trate de acordo". **Henry David Thoreau**

62. "Suprimir a liberdade de expressão é um erro duplo. Viola os direitos do ouvinte, bem como os do falante". **Frederick Douglass**

63. "Não conheço nenhuma classe de meus semelhantes, por mais justos, esclarecidos e humanos, que possam ser sábia e seguramente confiados absolutamente com as liberdades de qualquer outra classe". **Frederick Douglass**

64. "Assim como a guerra é a consequência natural do monopólio, a paz é a consequência natural da liberdade". **Gustavo de Molinari**

65. "As liberdades de um homem não são menos agredidas quando aqueles que o coagem o fazem acreditar que ele será beneficiado". **Herbert Spencer**

66. "Por liberdade, entendo a garantia de que todo homem será protegido contra a influência da autoridade e das maiorias, costumes e opiniões, ao fazer aquilo que acredita ser seu dever". **Lord Acton**

67. "O teste mais preciso pelo qual podemos julgar se um país é realmente livre, é a quantidade de segurança desfrutada pelas minorias". **Lord Acton**

68. "[Todo] imposto ou taxa, tirado à força de uma pessoa relutante, é imoral e opressivo". **Auberon Herbert**

69. "O governo não deve ser repressivo além do necessário para garantir a liberdade, protegendo os direitos iguais de cada um da agressão por parte de outros, e no momento em que as proibições governamentais se estendem além dessa linha, correm o risco de destruir os próprios fins a que se destinam". **Henry George**

70. "A tendência do poder sempre foi aumentar a si mesmo, ampliar sua esfera, ultrapassar os limites estabelecidos para ele, e onde o hábito de resistir a tal usurpação não é fomentado, e o indivíduo não é ensinado a ser zeloso de seus direitos, a individualidade desaparece gradualmente e o governo ou Estado se torna o todo poderoso". **Benjamin Tucker**

71. "Assim como o monopolista de um produto alimentar muitas vezes fornece veneno em vez de alimento, assim o Estado aproveita seu monopólio de defesa para fornecer invasão em vez de proteção; que, assim como os patronos de um pagam para serem envenenados, os patronos do outro pagam para serem escravizados; e, finalmente, o Estado supera todos os seus companheiros monopolistas na extensão de sua vilania porque goza do privilégio único de obrigar todas as pessoas a comprarem seu produto, querendo ou não". **Benjamin Tucker**.

72. "Não faças nenhuma lei sobre o discurso, e ele será livre, pois assim que você fizer uma declaração no papel de que o discurso deverá ser livre, você terá uma centena de advogados provando que "liberdade não significa abuso, nem libertinagem", e eles definirão a liberdade da existência". **Voltairine de Cleyre**

73. "O Estado... tanto na sua gênese como na sua intenção primeira, é puramente antissocial. Não se baseia na ideia de direitos naturais, mas na ideia de que o indivíduo não tem direitos senão aqueles que o Estado pode conceder-lhe provisoriamente". **Albert Jay Nock**

74. "Uma vez admitido o princípio de que é dever do governo proteger o indivíduo contra sua própria tolice, nenhuma objeção séria pode ser feita contra novas invasões". **Ludwig von Mises**

75. "Os defensores do socialismo se autodenominam progressistas, mas recomendam um sistema caracterizado pela rígida observância da rotina e pela resistência a todo tipo de aperfeiçoamento. Chamam-se liberais, mas pretendem abolir a liberdade. Eles se dizem democratas, mas anseiam por ditadura. Eles se dizem revolucionários, mas querem tornar o governo onipotente. Eles prometem as bênçãos do Jardim do Éden, mas planejam transformar o mundo em um gigantesco correio. Todo homem, menos um, é um funcionário subordinado em um escritório". **Ludwig von Mises**

76. "Um sistema educacional obrigatório e custeado por impostos é o modelo completo do Estado totalitário". **Isabel Paterson**

77. "Nenhum Estado ou governo existe. O que existe de fato é um homem, ou alguns homens, no poder sobre muitos homens". **Rose Wilder Lane**

78. "Nenhum ser humano, homem, mulher ou criança, pode ser confiado com segurança ao poder de outro, da mesma forma nenhum ser humano pode ser confiado com segurança com poder absoluto". **Suzanne La Follete**

79. "Se a experiência ensina alguma coisa, é que o que a comunidade se compromete a fazer geralmente é malfeito. Isso se deve em parte à tentação à corrupção que tais empreendimentos envolvem, mas ainda mais, talvez, à falta de interesse pessoal por parte de seus envolvidos". **Suzanne La Follete**

80. "A curiosa tarefa da economia é demonstrar aos homens o quão pouco eles realmente sabem a respeito daquilo que eles imaginam ser capazes de projetar". **F. A. Hayek**

81. "O argumento pela liberdade não é um argumento contra a organização, que é uma das ferramentas mais poderosas que a razão humana pode empregar, mas um argumento contra toda organização exclusiva, privilegiada, monopolista, contra o uso da coerção para impedir que outros façam melhor". **F. A. Hayek**

82. "A menor minoria na Terra é o indivíduo. Aqueles que negam os direitos individuais, não podem reivindicar ser defensores das minorias. Os direitos individuais não estão sujeitos a votação pública e uma maioria não tem o direito de votar contra os direitos de uma minoria; a função política dos direitos é precisamente proteger as minorias da opressão das maiorias". **Ayn Rand**

83. "Juro pela minha vida, e pelo amor a ela, que nunca viverei por outro homem, nem pedirei a outro homem que viva por mim". **Ayn Rand**

84. "Aqueles que sempre valorizaram a liberdade em si mesma, acreditavam que ser livre para escolher e não ser escolhido é um ingrediente inalienável daquilo que torna os seres humanos". **Isaiah Berlim**

85. "Uma razão importante pode ser que o governo no momento é tão grande que atingiu o estágio de produtividade marginal negativa, o que significa que qualquer função adicional que assuma provavelmente resultará em mais mal do que bem". **Ronald Coase**

86. "Uma sociedade que coloca a igualdade [...] à frente da liberdade terminará sem igualdade nem liberdade". **Milton Friedman**

87. "A preservação da liberdade é a razão protetora para limitar e descentralizar o poder governamental. No entanto, há também uma razão construtiva. Os grandes avanços da civilização, seja na arquitetura ou na pintura, na ciência ou na literatura, na indústria ou na agricultura, nunca vieram de um governo centralizado". **Milton Friedman**

88. "O poder concentrado não se torna inofensivo pelas boas intenções de quem o cria". **Milton Friedman**

89. "Sou a favor da legalização das drogas. De acordo com meu sistema de valores, se as pessoas querem se matar, elas têm todo o direito de fazê-lo. A maior parte do mal que vem de drogas é porque eles são ilegais". **Milton Friedman**

90. "Nada é tão permanente quanto um programa temporário do governo". **Milton Friedman**

91. "Políticos e burocratas não são diferentes do resto de nós. Eles maximizarão seus incentivos como todo mundo". **James M. Buchanan**

92. "O grande *non sequitur* cometido pelos defensores do Estado [...] é saltar da necessidade da sociedade para a necessidade do Estado". **Murray Rothbard**

93. "O problema do mundo não é a grande quantidade de pessoas, mas a falta de liberdade política e econômica". **Julian Simon**

94. "Enquanto um único centro tem o monopólio do uso da coerção, tem-se um Estado em vez de uma sociedade autogovernada". **Elinor Ostrom**

95. "Mas deixe-me oferecer minha definição de justiça social: eu mantenho o que ganho e você fica com o que ganha. Você discorda? Bem, então me diga quanto do que eu ganho pertence a você – e por quê?". **Walter Williams**

96. "Democracia e liberdade não são a mesma coisa. A democracia é pouco mais do que o domínio da turba, enquanto a liberdade se refere à soberania do indivíduo". **Walter Williams**

97. "Antes do capitalismo, a forma como as pessoas acumulavam grande riqueza era saqueando e escravizando seus semelhantes. O capitalismo tornou possível tornar-se rico servindo ao próximo". **Walter Williams**

98. "A tributação dos rendimentos do trabalho é equivalente à do trabalho forçado. Apoderar-se dos resultados do trabalho de alguém equivale a lhe confiscar suas horas e encaminhá-lo para diversas atividades". **Robert Nozick**

99. "Nem durante a Era da Inovação os pobres ficaram mais pobres, como as pessoas sempre dizem. Pelo contrário, eles têm sido os principais beneficiários do capitalismo moderno. É uma descoberta histórica irrefutável, obscurecida pela verdade lógica de que os lucros da inovação vão primeiro e principalmente para os ricos burgueses". **Deirdre McCloskey**

100. "O fato de os empresários comprarem na baixa e venderem na alta de maneira particularmente atenta e vantajosa não os torna ruins, a menos que todo o comércio seja ruim, a menos que você seja ruim quando compra algo com prudência, a menos que qualquer papoula mais alta precise ser cortada, a menos que nós desejemos conduzir nossas vidas eticamente pautadas no pecado da inveja". **Deirdre McCloskey**

101. "A propriedade é uma instituição econômica central de qualquer sociedade, e a propriedade privada é a instituição central de uma sociedade livre". **David D. Friedman**

Acompanhe o Ludovico nas redes sociais

🌐 https://www.clubeludovico.com.br/
📷 https://www.instagram.com/clubeludovico/
f https://www.facebook.com/clubeludovico/

Esta edição foi preparada pela LVM Editora e por Décio Lopes,
com tipografia Baskerville e Clarendon BT, em janeiro de 2024.

Impressão e Acabamento | Gráfica Viena
Todo papel desta obra possui certificação FSC® do fabricante.
Produzido conforme melhores práticas de gestão ambiental (ISO 14001)
www.graficaviena.com.br